DE LA CONTREFAÇON

DES

ŒUVRES LITTÉRAIRES

OU DRAMATIQUES

THÈSE POUR LE DOCTORAT

PAR

CHARLES LEBOUCQ

AVOCAT A LA COUR D'APPEL

PARIS

LIBRAIRIE NOUVELLE DE DROIT ET DE JURISPRUDENCE

ARTHUR ROUSSEAU

ÉDITEUR

14, RUE SOUFFLOT ET RUE TOULLIER, 13.

1897

THÈSE

POUR LE DOCTORAT

DE LA CONTREFAÇON

DES

ŒUVRES LITTÉRAIRES

OU DRAMATIQUES

THÈSE POUR LE DOCTORAT

L'ACTE PUBLIC SUR LES MATIÈRES CI-APRÈS
Sera soutenu le jeudi 3 juin 1897, à 1 heure

PAR

CHARLES LEBOUCQ

AVOCAT A LA COUR D'APPEL

Président : M. LYON-CAEN.
Suffragants : { MM. MASSIGLI, THALLER, } *professeurs.*

PARIS

LIBRAIRIE NOUVELLE DE DROIT ET DE JURISPRUDENCE

ARTHUR ROUSSEAU

ÉDITEUR

14, RUE SOUFFLOT ET RUE TOULLIER, 13.

1897

A MON PÈRE, A MA MÈRE

A MA FEMME, A MON FILS

A MA SŒUR, A MES BEAUX-PARENTS

DE LA CONTREFAÇON

DES

ŒUVRES LITTÉRAIRES OU DRAMATIQUES

INTRODUCTION

La notion de la propriété des choses matérielles est aussi vieille que le monde. Comment, sans cette idée, toute de droit naturel, inscrite au seuil de toute civilisation, se seraient réglés les rapports des hommes? — Celle de la propriété des choses de l'esprit, — et notamment de la propriété littéraire, — est plus subtile. Elle n'apparaît chez les peuples qu'à cette heure de développement parfait où l'homme comprend qu'à côté du travail des mains, au-dessus même de ce travail, il y a un autre labeur, producteur de richesse, celui de l'esprit. Ce que l'esprit aura ainsi créé deviendra l'objet d'un droit de propriété ; d'un droit de propriété semblable de tout point, nous le verrons, — quoique plus restreint, jusqu'ici, dans sa durée, — à la propriété des choses matérielles ; d'un droit dérivant, lui aussi, du *jus naturale*. Et, au degré de culture où nous sommes parvenus, il ne sera pas téméraire d'affirmer que le patrimoine général d'un pays croît en raison directe de son patrimoine intellectuel.

Donc, le produit du travail de l'esprit, et, — pour spécialiser tout de suite cette étude, — l'œuvre littéraire est un *bien*. Il ne faudrait, pour s'en convaincre, que considérer les convoitises qui s'attachent à elle, et quelle garde jalouse l'écrivain doit monter autour de son œuvre pour l'abriter des entreprises de ceux qui s'acharnent à lui en dérober le bénéfice. Ces entreprises ont deux noms : le plagiat, et la contrefaçon.

Entre le plagiat et la contrefaçon, il existe de nombreux points de ressemblance. On a dit d'eux qu'ils étaient « proches parents » ; et, bien souvent, il sera extrêmement délicat de les distinguer l'un de l'autre. Mais nous allons voir que les conséquences de l'un sont singulièrement moins graves que celles de l'autre : aussi importe-t-il de chercher dès maintenant un critérium pour les différencier.

Il est certain, tout d'abord, qu'il existe des idées de tout le monde, des banalités qui, pour employer une expression familière, mais juste, « courent dans l'air ». C'est le patrimoine de tous ; chacun a le droit de les saisir au passage, de les faire siennes. On dit vulgairement, si deux auteurs se les approprient en même temps, « que les beaux esprits se rencontrent ». Mais l'homme de talent ne se satisfait pas de ces banalités. Ayant pris au vol ces idées impersonnelles, il les examine, les range, les classe, en tire des *conceptions* ; les associant entre elles, il crée un tout qui est *son œuvre*, cette fois. Cette œuvre, il la produit sous une lumière nouvelle ; il l'habille de mots et de phrases qui sont bien à lui ; il la signe ; et, la donnant au public, il dit : « Ceci est mon âme. » De cet instant, il a une *propriété* ; et celui qui s'en emparera sera un malfaiteur littéraire.

Un premier moyen de toucher à l'œuvre d'autrui, consiste à *l'imiter*. L'imitation est légitime, à condition de rester discrète ; elle est le plus nécessaire des besoins de la vie littéraire, en même temps que le plus fécond des modes de production intellectuelle : car, sur la conception née de l'imitation, pourra venir se greffer la conception personnelle, originale, individuelle. C'est à ce procédé d'imitation saine et honnête que pensait Lamothe Le Vayer (1), lorsqu'il disait : « On peut dérober à la façon des abeilles, sans faire de tort à personne. » Il ajoutait aussitôt : « Mais le vol de la fourmi qui enlève le grain entier ne doit jamais être imité. » Les fourmis, en littérature, s'appellent, disions-nous, le *plagiaire* et le *contrefacteur*.

« Le plagiaire, dit M. Dalloz (2), est celui *qui publie sous son nom* le travail d'autrui. Il veut s'attribuer une gloire qui ne lui appartient pas. *Un paon muait, un geai prit son plumage* ... » Le contrefacteur est celui qui, *sous son nom ou sous le nom de l'auteur véritable*, reproduit l'œuvre d'un autre, et ainsi *viole le droit de reproduction qui appartient à celui-ci.*

Le contrefacteur, on le voit, peut être à la fois contrefacteur et plagiaire : sa contrefaçon est doublée de plagiat, lorsqu'il reproduit l'œuvre d'autrui sous son propre nom. Inversement, le plagiaire peut devenir contrefacteur, nous allons voir par quelle transition.

Ce n'est pas, — cela est certain, — par la longueur des emprunts que le plagiat diffère de la contrefaçon. Le peu

(1) Un des précepteurs de Louis XIV. Cité par Nodier, *Questions de littérature légale*, p. 5.
(2) D., Répertoire alphabétique, V° *Propriété littéraire*, n° 332.

d'étendue des emprunts ne prouve pas qu'il n'y ait que
plagiat ; l'ampleur des citations n'implique pas nécessairement l'idée d'une contrefaçon. Le critérium figure dans
un jugement du Tribunal de la Seine, du 31 décembre
1811, et il a fait jurisprudence : « Pour qu'il y ait contrefaçon, même partielle d'un ouvrage, dit-il, il faut qu'une
partie *notable, importante* et *marquante* de cet ouvrage ait
été réimprimée sans le consentement de l'auteur (1). »
S'attaquant à des parties accessoires du livre, le plagiat
n'avait pas, en effet, de conséquences bien graves ; il en-
tamait l'amour-propre de l'auteur, sa gloire littéraire ;
mais il ne le blessait pas pécuniairement dans sa propriété. Mais à l'instant où il s'est emparé des parties *essentielles, substantielles*, du livre, il a compromis son débit
commercial ; une part du bénéfice de l'exploitation de
l'œuvre a été détachée de l'ouvrage original, pour se poser
sur l'ouvrage usurpateur ; il y a, cette fois, un attentat
contre la propriété ; c'est cet attentat que le législateur
a appelé contrefaçon, et qu'il a puni des peines de l'article 425 du Code pénal.

C'est donc l'appréciation des passages reproduits qui
permettra de déterminer le moment où le plagiat devient
contrefaçon. Ces passages sont-ils parties accessoires, non
essentielles de l'œuvre ? Leur usurpation n'est-elle pas
susceptible de diminuer le *profit commercial* de l'œuvre ?
On dira qu'il y a *simple citation*, si l'édition qui reproduit
est faite sous le nom de l'auteur véritable : *plagiat*, si elle

(1) D., Rép. alph., *loc. cit.*, n° 339, note 2. Aff. Dentu c. Malte-Brun,
Géographie universelle. Voyez aussi, à la suite de ce jugement, dans le répertoire de Dalloz, un jugement de la Seine, du 16 janvier 1812, dans
l'affaire Prudhomme c. Michaud, *Bibliographie universelle*.

est faite sous le nom de l'usurpateur. — Les passages reproduits sont-ils, au contraire, partie substantielle de l'œuvre, de telle sorte que leur édition puisse léser l'exploitation commerciale du livre ? On dira qu'il y a *contrefaçon*, et, par conséquent, délit. « Les cas, dit M. Renouard (1), où le plagiat ira jusqu'à la contrefaçon seront ceux où il pourra conduire à la violation du privilège légal qui réserve au privilégié l'exploitation exclusive des produits pécuniaires de l'ouvrage. »

Ainsi ce sera au sort matériel du livre et à ses résultats commerciaux qu'il conviendra de s'attacher. Si le plagiat a eu pour effet ou pour but de causer au privilégié un tort pécuniaire, les juges déclareront qu'il y a contrefaçon : si la valeur commerciale du privilège et les fruits matériels de son exploitation n'ont été ni exposés, ni destinés à souffrir par le fait du plagiat, on décidera qu'il n'y a pas contrefaçon. Il ne faut pas se dissimuler, d'ailleurs, que la transition ne soit singulièrement difficile à établir entre le plagiat et la contrefaçon. « Ils diffèrent l'un de l'autre, dit encore M. Renouard, comme le moins diffère du plus ; ce qui les sépare, ce n'est point une opposition tranchée entre des couleurs qui se heurtent, c'est un passage entre des nuances qui se fondent en dégradations insensibles (2). » Question d'appréciation bien subtile. Frontière bien difficile à démarquer. Les tribunaux, avec leur pouvoir souverain, jugeront en fait.

A ces seules définitions, on comprend que le législateur ait infligé à la contrefaçon un traitement singulièrement plus dur qu'au plagiat. Pour celui-ci, point n'était néces-

---

(1) Renouard, p. 22, *Droits d'auteur*.
(2) Renouard, p. 22, *Droits d'auteur*.

saire de prendre des mesures spéciales. L'article 1382 du
Code civil suffisait. Mais contre la contrefaçon, attentat
contre la propriété, une réparation civile ne pouvait satis-
faire ; il fallait une sanction pénale. Aussi le législateur
de 1810, après avoir passé en revue les délits qui peuvent
se commettre contre la propriété matérielle, jugea-t-il
indispensable, dans le même chapitre de son Code (Livre III, titre II, chapitre II), d'établir une section spéciale,
la section V, qu'il intitulait « violation des règlements
relatifs aux manufactures, au commerce et aux arts », et
dans laquelle nous trouvons les articles 425, 426, 427,
428, 429 qui vont faire l'objet de cette étude (1).

Rappelons, pour en finir avec le plagiat, que la littérature
française a connu d'illustres plagiaires. « Je prends mon
bien partout où je le trouve », disait Molière. Il eût pu
s'autoriser de l'exemple, à Rome, de Virgile, qui disait
avec dédain des vers qu'il avait fait à Ennius « l'honneur »
de lui emprunter : « Ce sont des perles que j'ai tirées du
fumier. » Shakespeare disait de même des morceaux poé-
tiques qu'il usurpait : « C'est une fille que j'ai tirée de la
mauvaise société pour la faire entrer dans la bonne. » Plus
près de nous, Alexandre Dumas emprunta à Schiller des
scènes entières, des chapitres à Walter Scott, des pages
à Châteaubriand. Parmi les contemporains, Victorien Sar-
don est un de ceux qu'à tort ou à raison l'on a le plus
accusés de plagiat.

Et maintenant, nous allons nous attacher exclusivement
à l'étude de la *contrefaçon*, en matière littéraire. Il nous

-----

(1) Le législateur de 1810 ne faisait d'ailleurs, nous le verrons, que
s'inspirer des arrêts de 1777 qui prévoyaient déjà une peine contre le contrefacteur littéraire.

paraît indispensable, pourtant, avant d'examiner ce qu'est la violation du droit de l'auteur, de rechercher rapidement quelle est la nature de ce droit lui-même. Dans une première partie, nous résumerons donc l'historique, nous définirons la nature, le caractère, l'objet, la durée du droit de propriété littéraire. Nous traiterons, dans une seconde partie, de la contrefaçon proprement dite des œuvres littéraires ; dans une troisième partie, des délits assimilés à la contrefaçon, délits de débit, d'introduction, d'exportation, et, en ce qui concerne les œuvres dramatiques, sœurs des œuvres littéraires, délit de représentation illicite. Nous nous occuperons enfin de l'action en contrefaçon, de l'exercice de cette action, et, des peines à appliquer ; puis, après avoir jeté un coup d'œil sur les législations étrangères, nous résumerons les conclusions que nous aura inspirées cette étude d'une des matières les plus intéressantes et les plus nouvelles de notre droit pénal.

PREMIÈRE PARTIE

DE LA PROPRIÉTÉ LITTÉRAIRE EN GÉNÉRAL.

———

« Quoi ! vraiment, vous pensez que le droit de l'auteur sur son œuvre n'est point un droit de propriété, et
qu'il ne faut pas ressusciter une théorie morte, et reconnue fausse ! Est-elle bien morte, cette théorie de
la propriété littéraire ? A-t-elle été décidément reconnue fausse ? Par qui, je vous prie ? — Pour moi, —
voyez mon illusion, — je la crois toujours vivante ;
et, dans tous les cas, vivante ou morte, je la crois
vraie. Cela me suffit. » (Pouillet, Préface de l'*Étude
sur la propriété littéraire*, de F. Worms.)

§ I.

Le seul point où tous les auteurs qui ont traité de la
Propriété littéraire soient d'accord est celui-ci : l'écrivain a
sur son œuvre un *droit exclusif*. Sur quoi porte ce droit ?
telle est la première question à élucider.

L'auteur, nous l'avons dit, saisit au vol des idées qui
sont la propriété de tous. Il les synthétise, les enchaîne, en
fait une conception personnelle. Le résultat de ce travail
est *son œuvre* : cette œuvre, il la communique au public
par le livre.

Le livre, objet matériel, appartient à celui qui l'achète.
C'est le droit *du public* qu'il ne faut pas confondre avec le
droit du *domaine public* dont nous parlerons plus loin. Le
public lit le livre, en jouit, s'assimile les richesses qu'il

renferme. C'est le *jus fruendi* qui s'exerce sur l'idée, chose incorporelle, greffé sur le droit de propriété qui s'exerce sur l'objet de librairie matériel et tangible. Mais en dehors de cet usage et de cette propriété, il est un autre droit, plus utile, plus précieux, commercialement parlant : c'est *le droit de reproduire le livre* par l'impression ou par quelque procédé tenant lieu de l'impression. Celui-là appartient, au moins temporairement, et doit appartenir à l'auteur : et il constitue son *droit exclusif*. Le droit exclusif porte d'ailleurs non seulement sur la *forme* extérieure que revêt l'œuvre, mais aussi sur le développement et sur *l'enchaînement des idées* : car ce développement, cet enchaînement appartiennent bien en propre à l'écrivain ; à les créer, commence son originalité ; leur conception porte son empreinte, et le sort de la banalité : la mise en place, en un mot, des personnages, des situations, des épisodes du livre, cesse d'être œuvre commune et devient *œuvre personnelle* ; œuvre personnelle sur laquelle va s'asseoir le droit exclusif (1).

Le droit exclusif peut donc se définir : droit de reproduire le livre, ou ce qui fait la substance du livre. Il appartient, disions-nous, *au moins temporairement*, à l'auteur. C'est qu'en regard du droit de l'auteur, il existe un droit tout aussi respectable, et tout aussi sacré, celui du public. L'auteur, il faut bien le reconnaître, n'a pas créé ses idées, il les a recueillies autour de lui, dans l'atmosphère intellectuelle qu'il respirait, apportées là par le travail des siècles et par conséquent devenues l'héritage de tous. On peut dire que, s'il a construit l'édifice qu'est le livre, il en a em-

---

(1) Renouard, *Droits d'auteur*, t. 2, p. 19 et 22 ; Blanc, p. 152 et 167 ; Calmels, n° 424 ; Pouillet, *Prop. litt.*, n° 538,

prunté les matériaux au domaine public. Dès lors, il est juste que ce domaine public, sans qui l'œuvre n'existerait pas, élève sur elle certaines prétentions et réclame certains droits. Ces droits se résument en ceci : *exiger qu'à tout moment le public puisse jouir de l'œuvre* ; empêcher par conséquent que le droit de reproduction ne reste trop longtemps à la merci d'héritiers ou de cessionnaires qui, par ignorance ou malveillance, pourraient le laisser périr par non-usage. C'est pour garantir l'exercice des droits du public, que la plupart des législations ont proclamé que le droit exclusif de l'écrivain ne serait pas perpétuel ; qu'au bout d'un certain temps on l'arracherait des mains de ses ayants cause pour le faire tomber dans le domaine public qui en userait à sa guise. Nous examinerons bientôt s'il était nécessaire d'établir semblable dépossession ; et si l'on ne pourrait pas, sans adopter ce système de la temporanéité du droit de l'auteur, sauvegarder les intérêts légitimes du public.

Mais avant d'aborder cette question, il faut que nous recherchions quelle est la nature de ce droit exclusif de l'écrivain. Ici, nous nous trouvons en présence de deux systèmes. Pour les uns, le droit de l'auteur est une création de la loi positive, *un droit de récompense*, une sorte de prime accordée à l'effort de l'homme de lettres. Pour les autres au contraire, le droit de l'écrivain est un droit naturel, préexistant à la loi positive, et ne différant en rien de la propriété des choses matérielles. Il nous semble difficile, aujourd'hui, de ne pas se rallier à ce dernier système.

Quelle est en effet la source du droit de propriété ordinaire ? Le travail. C'est par mon travail, ou celui de mes ancêtres, que j'ai acquis mon champ, ma charrue, ma maison. Et cette propriété est légitime. Pourquoi donc le droit de l'auteur qui, lui aussi, est fondé sur le travail, ne serait-il pas tout aussi légitime ? Pourquoi, ayant la même source, n'aurait-il pas les mêmes effets et la même étendue ? Pourquoi, ayant dit là « droit de propriété » dirait-on ici « droit de récompense » ? « Il y a des hommes, écrivait Lamartine dans son rapport de 1841, il y a des hommes qui travaillent de la main ; d'autres qui travaillent de l'esprit. Les résultats de ce travail sont différents, le titre du travailleur est le même ; les uns luttent avec la terre et les saisons, ils récoltent les fruits visibles et échangeables de leurs sueurs. Les autres luttent avec les idées, les préjugés, l'ignorance ; ils arrosent aussi leurs pages des sueurs de l'intelligence, quelquefois de leur sang, et recueillent au gré du temps la misère ou la faveur publique, le martyre ou la gloire. Les résultats du travail matériel, plus incontestables et plus palpables, ont frappé les premiers la pensée du législateur. Il a dit au laboureur qui a défriché le champ : ce champ sera à toi ; et après toi, à tes enfants... En vertu d'une induction naturelle et juste, le jour devait arriver où l'œuvre de l'intelligence serait, elle aussi, reconnue un travail utile, et les fruits de ce travail *une propriété*..... (1). »

Mais, objectent les adversaires, vos idées ne sont pas « vôtres ». L'homme n'est jamais l'unique créateur d'une pensée. « Les idées sont filles des idées, elles sont enfantées les unes par les autres. L'humanité creuse, creuse pendant des siècles ; un homme donne le dernier coup de

(1) *Moniteur officiel*, mars 1841.

sonde, et la vérité jaillit ; mais elle n'est point à lui, elle est à tous ceux qui ont travaillé (1). » « Nous ne sommes grands que montés sur les épaules les uns des autres, écrivait Fontenelle (2). » « Sans la Bible et Homère, sans Racine et Châteaubriand, aurions-nous M. de Lamartine (3)? » « Si nous parlons d'un droit à accorder aux auteurs, c'est que, comme l'a dit Kant, *un livre est la prestation d'un service envers la société*. Dès lors, l'écrivain mérite une récompense que nous appellerons droit d'auteur, droit de copie, ce que vous voudrez, tout, hormis droit de propriété. Le médecin est-il propriétaire de la santé qu'il a conservée ou rétablie ; l'administrateur, de l'ordre qu'il a fait régner ? Et pourtant tous sont satisfaits de leur sort !... » (4).

Tout ceci serait très bien s'il n'y avait, à la base du raisonnement des adversaires, une confusion qui lui enlève toute solidité. Qui donc a jamais soutenu que *l'idée* fût la propriété de l'auteur ? Ce que celui-ci revendique comme sien, c'est le livre, c'est-à-dire la forme matérielle qu'a revêtue cette idée, et le droit de reproduire ce livre. « La pensée du législateur, dit encore Lamartine, ne touche pas à l'idée qui ne tombe jamais dans le domaine inférieur d'une loi pécuniaire. *Elle ne touche qu'au livre devenu par l'impression objet commercial.* L'idée vient de Dieu, sert les hommes, et retourne à Dieu en laissant un sillon lumineux

<hr>

(1) M. Lestiboudois, *ibid.*

(2) M. Lherbette, *Moniteur officiel*, mars 1841.

(3) M. Renouard, *ibid.* — « Les productions de l'intelligence, écrit ailleurs M. Renouard, que sont-elles ? Une nouveauté de combinaisons dans les résultats de la pensée. Or, comment douter que, par son essence, la pensée n'échappe à toute appropriation exclusive ? Lorsqu'elle passe dans les esprits qui la reçoivent, elle ne cesse pas d'appartenir à l'esprit dont elle émane ; elle est comme le feu qui se communique et s'étend sans s'affaiblir à son foyer » (*Droits d'auteur*, t. I, p. 447).

(4) M. Renouard, *ibid.*

sur le front de celui où le génie est descendu, et sur le nom
de ses fils ; le livre tombe dans la circulation commerciale,
et devient une valeur productive de capitaux et de revenus
comme toute autre valeur (1). » D'ailleurs est-il bien vrai
de dire que les idées nous viennent de la société parmi laquelle nous vivons ? Lamartine l'a nié énergiquement ; et,
ici, il faut citer en entier le magnifique morceau d'éloquence qu'il a prononcé à la tribune. « Cette royauté des
lettres que crée M. Berville, et qu'il couronne avec tant de
complaisance, il se hâte de la faire descendre nue et dé-
pouillée et de la condamner à l'indigence, à la gloire tardive et à la pitié.—Oui, la pensée vient de tous. Mais, à côté
de cela, il y a le procédé mécanique, le capital employé à
la rendre livre, exemplaire, effet commercial et échangea-
ble. La pensée n'a pas de tarif, le livre en a un. Et, sous
cette forme productive de valeur au monde et à l'éditeur,
n'y a-t-il pas un droit matériel à reconnaître aussi pour le
créateur de cette valeur ? — On a parlé de l'humanité
creusant pendant des siècles, et du dernier coup de sonde
qui fait jaillir la vérité. A qui doit appartenir la découverte ?
A celui qui a donné le coup de sonde, sans doute ! — Les
idées, dites-vous, nous viennent de la société parmi laquelle nous vivons ? Toute grande idée est, au contraire, un
combat avec la société, une révolution, un martyre souvent !
Où sont donc ces grands livres, ces ouvrages de génie qui
ont été salués dès leur apparition par le génie de la société
qui les avait conçus, et qui les reconnaissait ? où sont-ils ?
Demandez-le à tous les grands hommes qui ont eu la gloire
et le malheur de devancer leur temps, — et on n'est grand

____

(1) Rapport, *Moniteur officiel*, 13 mars 1841.

qu'à ce prix ! Demandez-le à Socrate buvant la ciguë !
Demandez aux précurseurs de toutes les vérités mourant
sur les bûchers ou sur les croix ! Demandez à Colomb,
repoussé comme insensé pour avoir découvert un monde
dans sa pensée avant de l'avoir vu de ses yeux ! Demandez
à Galilée dans son cachot, puni pour avoir résolu le pro-
blème du monde, et contraint par la torture à apostasier l'é-
vidence ! Demandez-leur, si c'est leur temps, si c'est la
société de leur époque qui a fait leurs découvertes ! Ils vous
répondront par leurs persécutions et par leurs membres
déchirés dans les tortures !..... Et ce que nous réclamons
est-il juste ? Un homme dépense quelques portions de ses
forces, quelques heures faciles de sa vie, à l'aide d'un capital transmis par ses pères, à féconder un champ ou à
exercer une industrie lucrative ; il entasse produits sur
produits, richesses sur richesses, il en jouit lui-même dans
l'aisance ou dans les délices de sa vie, vous lui en assurez
la possession à tout jamais ; et, après lui, à ceux que le
sang désigne ou que le testament écrit. Un autre homme
dépense sa vie entière, consume ses forces morales, énerve
ses forces physiques, dans l'oubli de soi-même et de sa fa-
mille, pour enrichir après lui l'humanité ou d'un chef-
d'œuvre de l'esprit humain, ou d'une de ces idées qui trans-
forment le monde : il meurt à la peine, mais il réussit. Son
chef-d'œuvre est né, son idée est éclose. Le monde intellectuel s'en empare. L'industrie, le commerce, les exploi-
tent. Cela devient une richesse tardive, posthume souvent ;
cela jette des millions dans le travail et dans la circulation ;
cela s'exporte comme un produit naturel du sol. Tout le
monde y aurait droit, excepté celui qui l'a créé, et la veuve
et les enfants de cet homme qui mendieraient dans l'indi-

gence à côté de la richesse publique et des fortunes privées, engendrées par le travail ingrat de leur père ! cela
ne peut pas se soutenir devant la conscience, où Dieu a
écrit lui-même le code ineffaçable de l'équité ! »

Mais, prétend-on dans le système du droit-récompense,
le droit de propriété est doué d'*impénétrabilité* : ce qui
appartient à l'un ne saurait appartenir à l'autre. « Or, les
productions intellectuelles se dédoublent à l'infini et peuvent être concédées à un nombre d'exemplaires que rien
ne limite (1). » « Le propriétaire, dit M. Darras, jouit seul,
à l'exclusion des autres, de tous les avantages qu'il est
possible de retirer de l'objet ; son droit est absolu ; il peut
l'exercer sans être contraint d'y faire participer autrui.
Pour le droit des auteurs, au contraire, il n'a d'utilité
qu'autant que l'œuvre est publiée, est communiquée à
tous. C'est un non-sens de dire : le droit des auteurs est un
droit de propriété. Un droit de propriété suppose une jouissance privative ; le droit des auteurs suppose une jouissance commune (2). »

Ici encore, il y a une confusion. Nous avons montré que
deux droits distincts s'exercent concurremment sur le livre. Droit de *jouissance intellectuelle*, pour le public, d'une
part. Droit de *jouissance matérielle*, pour l'auteur, d'autre
part. En quoi le premier entame-t-il, *pénètre-t-il*, pour
employer l'expression de M. Picard, le second ? Est-ce que
le passant, qui regarde ma maison, entame en cela mon
droit de propriété ? Le public lit le livre, le regarde intel-
lectuellement : le droit de l'auteur n'a pas à souffrir de ce
regard ; au contraire ; car plus le livre est lu, et plus le

(1) Picard, *Pandectes belges*, t. II, Introduction, p. 26.
(2) Darras, *Droits d'auteur*, n° 22.

droit de reproduction devient précieux, et commercialement productif !

Le droit de l'auteur est donc un droit de propriété. Propriété qui a la même origine, et la même nature, que la propriété des choses matérielles. Propriété identique, par conséquent, à cette propriété telle qu'elle est communément définie (1).

Mais voici venir le gros argument des adversaires. Vous dites, objectent-ils, que le droit de l'auteur est une propriété identique à la propriété des choses matérielles. Or, la loi de 1793 et la loi de 1866, en fait, déclarent ce droit *temporaire* ; et, juridiquement, il est impossible qu'il ne le soit pas. Vous avez donc créé une propriété non perpétuelle ! Inconséquence choquante : car, vous le savez bien, l'un des caractères essentiels de la propriété est qu'elle soit perpétuelle !

(1) Voir, sur la question, et dans le même sens, Gastambide, *Traité th. et prat. des contrefaçons*, p. 8 ; Rendu, *Traité pr. de droit industriel*, p.355; Calmels, *De la propriété et de la contref. des œuvres de l'intelligence*, p. 616 ; Laboulaye, *De la propriété littéraire en Angleterre*, Revue de législation, févr.-mars 1852. Alphonse Karr écrivait spirituellement, dans ses *Guêpes* (avril 1841, t. II, p. 232) : « Il ne s'est pas trouvé, à la Chambre, un homme pour dire : Messieurs, il n'y a pas plusieurs sortes de propriétés ; la question qui vous est soumise n'existe pas. — La propriété littéraire est garantie par les lois, déjà au moins assez nombreuses, sur la propriété. Nous n'avons rien à faire. Si nous faisons une loi sur la propriété littéraire, il n'y a pas de raison pour que nous ne fassions pas une loi spéciale sur toutes les formes de la propriété ; — et je vous propose une loi sur chacune des formes que voici :

Sur la propriété des chapeaux ;

—   melons-cantaloups ;

—   abricots ;

—   prunes ;

—   pêches ;

—   l'habit vert de M. Auguis. »

Sterne disait, dans une boutade non moins humoristique : « Les sueurs qui sortent du front d'un homme sont aussi bien sa propriété que la culotte qu'il porte. »

Remarquons tout d'abord qu'on peut soutenir que la perpétuité n'est pas une qualité essentielle de la propriété. Le propriétaire a le *jus abutendi* le plus absolu ; mais jusqu'à concurrence des nécessités de l'ordre public. Si l'intérêt public a à souffrir de l'existence de ce droit, le droit disparaît : exemple, le cas des établissements insalubres (1). Toutefois, nous reconnaissons qu'en thèse générale la propriété ne se conçoit guère sans la perpétuité. Et alors nous venons proposer la réforme de la loi de 1866, et demander au législateur de l'avenir de proclamer ce principe de la perpétuité que le rêve de Lamartine entrevoyait déjà en 1841. Le législateur de 1866 n'a pas osé, pas plus que ses devanciers, le proclamer : est-ce une raison pour dire que le droit ne sera jamais perpétuel, et que cet attribut, important mais non essentiel, de la propriété, — la perpétuité, — nous sera toujours refusé ?

Seulement, les adversaires, dont la seule évocation de cette réforme détruit l'argument, viennent ici nous affirmer que décréter la perpétuité est chose impossible... Chose impossible, parce qu'avec le système de la perpétuité, le droit bien légitime, nous l'avons vu, du public serait à la merci de l'inertie, de l'ignorance ou de la malveillance de gens qui laisseraient périr l'œuvre que le public a intérêt à conserver. Voici, disent les adversaires, les principales hypothèses qui peuvent se produire : 1° L'héritier, parce qu'il est indifférent, ou systématiquement parce que les idées soulevées dans le livre le choquent, en supprime toute réédition ; 2° L'héritier est disparu ; lui seul pourrait autoriser la réédition, et on ne le

_____

(1) Loi 22 déc. 1789-janvier 1790 (section III, art. 2).

retrouve pas ; 3° Les héritiers sont nombreux et ne s'entendent pas sur la question de la réédition ; 4° L'héritier fait rééditer, mais à des conditions de prix qui rendent le livre inabordable au gros public. Vous n'avez qu'un moyen, disent les adversaires, d'obvier à ces inconvénients : c'est de faire tomber, au bout d'un certain temps, le livre dans le domaine public.

La première de ces hypothèses se réalisera bien rarement. De deux choses l'une, en effet : ou le livre est mauvais, et le public ne perd rien à sa disparition ; ou il est bon et fructueux, et alors il est infiniment probable que l'intérêt pécuniaire de l'héritier, dominant ses raisons de sentiment, lui conseillera de hâter plutôt que de retarder les rééditions de l'ouvrage. La seconde hypothèse ne s'est jamais produite ; et, dût-elle se produire, nous allons en indiquer tout de suite le remède : de même pour la troisième. Quant à l'excessive tarification du prix par les ayants cause, elle n'est guère à craindre : la loi de l'offre et de la demande répond d'elle-même à ce péril.—En tout cas, au danger de ces quatre hypothèses, il est facile d'apporter le remède. Nous ne parlons pas du système du *domaine public payant*, sur lequel nous reviendrons plus tard, et que nous repousserons. Mais, en adoptant le principe pur et simple de la perpétuité, il suffira d'apporter à cette perpétuité deux correctifs, *la caducité* et *l'expropriation* : 1° L'héritier reste-t-il vingt ans, par exemple, après la mort de l'auteur, sans manifester son droit ? Ce droit est déclaré caduc ; 2° A quelque époque que ce soit, après le décès de l'écrivain, l'Etat peut, pour cause d'utilité publique, conformément aux dispositions de l'article 545 du Code civil, et moyennant une juste et préalable indemnité, exproprier les ayants cause ou cessionnaires du droit de l'écrivain.—Grâce à ces deux correctifs, les droits de la Société à la jouissance du livre sont sauvegardés ; et, par suite, les adversaires perdent le droit de soutenir que décréter la perpétuité du droit d'auteur est chose impossible.

Mais, objecte-t-on encore, avec vos correctifs vous créez une propriété *limitée* : or, l'essence de la propriété est d'être libre, indépendante, illimitée ! — Pourquoi cela ? L'article 545 du Code civil prouve que l'expropriation pour cause d'utilité publique existe pour la propriété des choses corporelles. Et, en [toute circonstance, le droit de propriété n'est-il pas réduit aux limites que lui assignent l'intérêt et l'ordre public ?

En résumé donc, le droit de l'auteur *peut*, sans inconvénients et sauf quelques correctifs, être perpétuel. Bien mieux, il *doit* l'être : étant, par son origine et sa nature, semblable de tout point au droit commun de propriété, on ne voit pas pour quelle raison il ne serait pas, comme celui-ci, perpétuel. Tout le système de notre législation sur les droits d'auteur sera boiteux tant qu'on ne votera pas cette perpétuité : des lois qui, d'une part, prononcent le mot de propriété ne peuvent pas, sans illogisme, décider d'autre part que cette propriété ne sera que temporaire.

D'ailleurs, à quels inconvénients ne conduit pas le régime, sous lequel nous vivons actuellement en France, de la temporanéité ! M. Mack en cite deux qui suffisent à faire condamner tout le système. « Nous avons montré, dit-il, les inconvénients, au point de vue du profit que l'auteur peut tirer de la cession de son œuvre, d'une législation qui permet au cessionnaire de payer sur la base d'une jouissance de cinquante ans seulement une œuvre qui

pourra faire l'objet d'un fructueux monopole pendant la
vie de l'auteur et cinquante ans ensuite, c'est-à-dire pendant un laps de cent vingts ans peut-être, si l'auteur, très
jeune au moment de la cession, arrive à un âge avancé.
Nous avons fait ressortir également bien d'autres incohé-
rences de la législation, qui arrive, par exemple, lorsque
la veuve est jeune et survit cinquante ans à l'auteur, à
faire naître le droit du domaine public sans que les héritiers directs aient jamais été investis de la jouissance d'une
part importante des droits qui, en principes, leur appartiennent (1). »

Tous ces inconvénients disparaissent avec le système de
la perpétuité.

Nous dirons donc, pour conclure, que le droit de l'auteur est *un droit de propriété, analogue au droit de propriété des choses corporelles, comme celui-ci dérivant du
jus naturale, ayant sa source dans le travail de l'auteur, et
devant, à notre avis, être perpétuel.*

Tel le définira, nous l'espérons, la législation de l'avenir. Voyons maintenant, par un examen historique de la
législation française et par un rapide coup d'œil sur quelques systèmes étrangers, si les législations modernes se
sont rapprochées de ce régime idéal.

§ II.

Le 13 mars 1841 s'ouvrait devant la Chambre des Députés, présidée par M. Dufaure, la discussion du projet de
loi sur la « Propriété littéraire ». Les débats devaient avoir
un retentissement universel. L'importance et la nouveauté

___

(1) Ed. Mark, *De la perpétuité du droit d'auteur*, p. 7. — Gr. in-8°, 1897,
Marchal et Billard.

du sujet, la personnalité du rapporteur M. de Lamartine,
— alors dans tout l'éclat de son génie et de sa renommée,
— le talent des orateurs inscrits, Villemain, ministre de
l'Instruction publique, Renouard, Berryer, Chaix-d'Est-
Ange, Berville, Od. Barrot, tout, dans cette discussion,
était de nature à tenter l'attention des plus indifférents.
—Après de longues joutes oratoires, où, courtoisement et
académiquement, comme il seyait dans un tel débat, on
avait de part et d'autre rompu des lances, le projet, —
trop hardi encore pour l'époque, — sombra ; et la question de la « Propriété littéraire » quitta la tribune parle-
mentaire, où elle ne devait reparaître que treize ans plus
tard, en 1854.

Dès le début de son remarquable rapport, Lamartine
constatait avec intérêt que la question était neuve. « La
Commission n'était point éclairée par des législations
préexistantes ; tout était à découvrir et à créer ; l'antiquité n'avait pas parlé ; les législations modernes ne s'ex-
pliquaient que dans un langage confus, arbitraire, souvent
contradictoire ; une ébauche de loi du 19 janvier 1791,
un décret de la Convention du 19 juillet 1793, un décret
sur la librairie du 5 février 1810, un beau projet de M. de
Salvandy, et une discussion de la Chambre des Pairs
étaient les seuls jalons qui nous traçaient la route. »

« L'antiquité n'avait pas parlé », disait Lamartine. Et
cela s'explique. Le droit de l'auteur s'analyse en un droit
exclusif de reproduction. On reproduit bien par le manuscrit ; mais c'est un procédé lent, pénible et coûteux. Le
seul procédé pratique de reproduction est le procédé mécanique de l'impression. Le droit de reproduction industrielle ne pouvait donc prendre de réalité que du jour où

l'imprimerie fut inventée, c'est-à-dire au XVe siècle.
Avant la vulgarisation de la découverte de Gutemberg, la
pensée de la contrefaçon ne pouvait venir à personne. Le
prix des livres dépassait toute mesure : un in-folio, au
treizième siècle, coûtait une somme qui représenterait
aujourd'hui 4 ou 500 francs ! C'est dire que l'idée d'un
droit de reproduction industrielle ne pouvait se faire jour
dans les esprits. « Les livres, dit M. Dalloz, qui, dans le
Moyen Age ont eu le plus de vogue, les traités de dévotion,
les chroniques, les romans, ont été sans cesse reproduits,
reparaissant tous les quarante ou cinquante ans, sous un
nouveau nom d'auteur ou sous un nouveau titre, avec peu
ou point de changements.—Peu de temps avant la découverte de l'imprimerie, les copies des livres se multipliaient
extrêmement. On comptait jusqu'à dix mille écrivains à
Paris et à Orléans (1). » Les Romains, cependant, avaient
au moins entrevu l'idée du droit de l'auteur. *Sic vos non
vobis mellificatis apes*, s'écriait Virgile, indigné d'être pillé.
Martial révélait, dans ses prospectus et ses épigrammes,
l'existence du mot caractéristique *plagiaire*. Mais tout
cela était vague, et, en l'absence d'un procédé industriel
de reproduction, dépourvu de portée pratique.

Vint Gutemberg. L'imprimerie, au début, fut la plus
onéreuse des industries. Aussi eût-on trouvé difficilement
l'homme assez hardi pour risquer le sacrifice de l'édition
d'un livre, si l'on n'avait eu l'idée de lui accorder le *monopole*. C'est ainsi que naquit le *privilège*, mais pour le
libraire seul. Du libraire, petit à petit, le privilège s'éten-
dit à l'auteur ; et c'est ainsi que le XVIIᵉ siècle commença

(1) Dalloz, J. G., Vᵒ *Propriété littéraire*, nᵒ 3.

à soupçonner le droit de propriété des auteurs. « Ce droit, dit le chancelier Pierre Séguier, on le reconnut dès que les écrivains le réclamèrent ; cette propriété est incontestable ; disons mieux, elle est consacrée aujourd'hui. » Au XVIIIe siècle, nous trouvons un fait caractéristique. Crébillon fait représenter sa tragédie de *Catilina* ; aussitôt ses créanciers font saisir le produit des recettes, ainsi que celui du manuscrit, chez le libraire qui l'avait fait imprimer. Le poète d'adresser, sans retard, une supplique à Louis XV : chose inouïe, dit-il, qu'on ait songé à ranger parmi les effets saisissables les produits de l'esprit humain ! Et, le 2 mai 1794, le Conseil d'État rend un arrêt ordonnant la main-levée des saisies... (1).

Il y avait dans tout cela l'embryon d'un principe ; le principe naquit le 30 août 1777, et tout de suite il prit des proportions inattendues. C'était en effet un droit *perpétuel*, — au moins dans la plupart des cas, — des auteurs que consacraient les deux fameux arrêts du Conseil de 1777. « Tout auteur (art. 5) qui obtiendra en son nom le privilège de son ouvrage, aura le droit de le vendre chez lui, sans qu'il puisse sous aucun prétexte vendre ou négocier d'autres livres ; et jouira de son privilège pour lui et ses hoirs *à perpétuité* ... » Droit perpétuel ! à une condition cependant : « ... que l'auteur ne l'ait rétrocédé à aucun libraire, auquel cas la durée du privilège serait, par le seul fait de la cession, réduite à celle de la vie de l'auteur. » Ainsi, aussitôt après avoir proclamé perpétuel le droit de l'auteur, les arrêts de 1777, comme étonnés de

____

(1) Il est vrai que Crébillon était protégé par Mme de Pompadour... M. Renouard a appelé l'arrêt de 1794 « un arrêt Pompadour » (*Mon. off.*, mars 1841).

leur propre audace, revenaient en arrière, diminuaient ce qu'ils venaient de faire, n'accordaient plus la perpétuité qu'en cas de non-cession ; de sorte que, si, au regard des héritiers, le droit avait plus d'étendue qu'aujourd'hui, il en avait bien moins au regard des cessionnaires. — En outre, ce droit dont on admettait en principe la perpétuité, on en voyait l'origine non pas, comme la raison le commandait, dans une idée de propriété, mais dans une idée de concession et de privilège ; on le qualifiait de « grâce fondée en justice » ! Enfin, ces arrêts, qui protégeaient avec tant de soin l'héritier, oubliaient complètement le conjoint survivant, — vrai collaborateur cependant de l'écrivain ! — Notons, en passant, qu'ils punissaient la contrefaçon d'une amende de 6.000 livres, et de la confiscation, avec la perte d'état, comme aggravation, en cas de récidive.

Arriva l'événement de la nuit du 4 août. Abolition des privilèges. Celui des auteurs était-il supprimé ? On essaya de le plaider. Mais c'était une erreur grossière. Le mouvement d'enthousiasme du 4 août avait bien aboli les privilèges *féodaux* : mais ceux qui dérivaient d'une propriété ou d'une quasi-propriété légitime restaient intacts. Ainsi jugea la Cour de cassation (1).

« L'ébauche de loi du 19 janvier 1791 » dont parlait

______

(1) Crim. Cass., 29 thermidor an XI. Veuve Buffon c. Bohemer ...... « Attendu que les arrêtés des représentants du peuple, dont Bohemer excipe, ne l'ont point autorisé à débiter en France l'ouvrage de Buffon, au préjudice d'un tiers. — Attendu que les décrets du mois d'août 1789, qui ont aboli les privilèges et distinctions, et rendu la presse libre, n'ont aucun rapport avec la propriété acquise à l'auteur sur son ouvrage, et qui n'est que l'indemnité légitime de son travail, et le prix naturellement dû des lumières qu'il répand dans la société . — Qu'ainsi la Cour de Metz a faussement appliqué les décrets d'août 1789...... Casse. »

le rapport de Lamartine avait trait uniquement aux spectacles. — Le droit de représentation appartenait à l'auteur, sa vie durant ; à ses héritiers ou cessionnaires, cinq ans après sa mort ; puis il tombait dans le domaine public (1).

Nous arrivons enfin au décret des 19-24 juillet 1793 : « Décret sur la *propriété* des ouvrages publiés par la voie de la presse. » Plus d'hésitation, ici ; le décret dit : propriété. « *De toutes les propriétés*, écrit le rapporteur Lakanal, *la moins susceptible de contestation*, celle dont l'accroissement ne peut ni blesser l'égalité républicaine, ni donner d'ombrage à la liberté, c'est sans contredit celle des productions du génie ; *et si quelque chose doit étonner, c'est qu'il ait fallu reconnaître cette propriété*, assurer son libre exercice par une loi positive ; c'est qu'une aussi grande révolution que la nôtre ait été nécessaire pour nous ramener sur ce point, comme sur tant d'autres, *aux simples éléments de la justice la plus commune.* — Le génie a-t-il ordonné, dans le silence, un ouvrage qui recule les bornes des connaissances humaines ; des pirates littéraires s'en emparent aussitôt, et l'auteur ne marche à l'immortalité qu'à travers les horreurs de la misère. Et ses enfants !... Citoyens, la postérité du grand Corneille s'est éteinte dans l'indigence !... » Le décret fut voté presque sans discussion : il consacrait le « droit exclusif » viager des auteurs ; faisait, après leur mort, survivre ce droit pendant dix ans au profit des héritiers ou cessionnaires ; et condamnait le contrefacteur, outre la confiscation, à des dommages-intérêts équivalents au prix de trois mille exemplaires de l'édition originale : le décret ne prononçait pas, d'ailleurs,

____

(1) Voir le rapport de Chapelier.

le mot de *délit*, la condamnation était purement civile. —
Le mérite du décret de 1793 était, après les hésitations du
passé, d'accorder franchement, sans ambages, le droit de
cité dans nos lois à la *propriété* littéraire Mais, pas plus
que les arrêts de 1777, il ne parlait du conjoint survivant,

Sous l'Empire, parut d'abord un décret du 1ᵉʳ germinal
an XIII sur les droits des *propriétaires* d'ouvrages posthumes ; puis le décret du 5 février 1810 sur l'imprimerie et
la librairie, décret dont l'article 39 reconnaissait à l'auteur, et à sa veuve commune en biens, un droit viager de
propriété, à leurs enfants un droit de vingt ans. On s'est
décidé à songer à la veuve ; mais on ne la connaît que si
elle est commune en biens ! Quant au mari survivant, — si
l'auteur est une femme, et le cas se présente ! — il est toujours oublié.—Enfin, fut promulgué le Code pénal de 1810,
réprimant la contrefaçon par ses articles 425-429 que nous
étudierons en détail. — Lors de la discussion du décret
de février 1810 devant le Conseil d'État, Napoléon avait
pris la parole ; et, comme on proposait (pour la première
fois) la perpétuité du droit : « J'y vois, dit-il, de nombreux
inconvénients. Une propriété littéraire est une propriété
incorporelle qui, se trouvant dans la suite des temps et
par le cours des successions, divisée en une multitude
d'individus, finirait, en quelque sorte, par ne plus exister
pour personne ; car comment un grand nombre de propriétaires, souvent éloignés les uns des autres, et qui,
après quelques générations, se connaissent à peine, pour-
raient-ils s'entendre et contribuer pour réimprimer l'ouvrage de leur auteur commun ? » L'Empereur, on le voit,
s'était laissé séduire par le plus spécieux de tous les argu-

ments proposés contre la perpétuité, et la perpétuité fut écartée.

La Restauration, — qui avait établi la liberté de la presse, — devait naturellement songer à étendre les droits des auteurs. Une ordonnance du 13 décembre 1823 appela à examiner la question une Commission d'hommes tels que Portalis, Royer-Collard, Lally-Tollendal, Villemain, Cuvier, Michaud, Lemercier, etc. La Commission publia son rapport le 7 mai 1826, et conclut à étendre à *cinquante* années, après la mort de l'auteur, le droit de ses ayants cause, *à la charge toutefois de réimpression dans les vingt ans à dater du décès.* Auger et Lemercier avaient soutenu le système de la propriété absolue. Le projet fut classé. Mais le gouvernement de Louis-Philippe le reprit pour son compte. Une nouvelle Commission fut constituée en 1836 sous la présidence de M. de Ségur, et, le 5 janvier 1839, M. de Salvandy, alors ministre de l'Instruction publique, présenta son rapport à la Chambre des Pairs, qui l'adopta. M. de Salvandy concluait à une propriété « dont l'étendue a ses limites dans s la possibilité et dans l'intérêt public ». Après une discussion à laquelle prirent part le vicomte Siméon, M. Portalis, MM. de Ségur, Villemain, de Broglie, Gay-Lussac, la Chambre des pairs, vota, par 78 voix contre 31, le principe du droit de trente ans.

Le projet de loi fut distribué à la Chambre des députés, et le débat s'y ouvrit en mars 1841. La majorité de la Commission concluait au principe de cinquante ans. C'était vingt ans d'ajoutés au projet du Gouvernement, à la demi-loi de la Chambre des pairs. Lamartine y eût ajouté la perpétuité ; mais, rapporteur, il était lié par l'opinion de la majorité. Le rapport est à lire en entier ; quelle

plume pouvait revendiquer avec plus d'éloquence les droits
de l'homme de lettres que celle du poète des *Méditations*?
Une question préjudicielle devançait et dominait ces dispositions à prendre. Constituerions-nous la propriété des
œuvres de l'intelligence à perpétuité ou pour un temps
seulement? Nous ne nous la sommes pas posée. Nous avons
considéré *que les idées sur la propriété littéraire n'étaient
pas assez rationalisées, que ses mœurs n'étaient pas assez
faites pour que nous pussions constituer dès aujourd'hui
la transmissibilité sans limites à travers le temps...* Nous
n'avons mis aucune limite à ses droits ; nous lui avons mis
une borne dans le temps. Le jour où le législateur, éclairé
par l'épreuve qu'elle va faire d'elle-même, jugera qu'elle
peut entrer dans un exercice plus étendu de ses droits na-
turels, il n'aura qu'à ôter cette borne ; il n'aura qu'à dire
« toujours » où notre loi a dit « cinquante ans » ; et l'intelligence sera émancipée !...

...Pourquoi cinquante ans ?... Le projet du gouvernement ne disait que trente ans ; mais il le disait à regret...

.... L'unité morale, l'être abstrait de l'écrivain se compose de trois êtres : l'auteur lui-même, sa femme, et ses
enfants... Puisque vous voulez constituer la propriété littéraire pour un certain nombre d'années, prenez, non pas
ce terme de trente ans après le décès de l'auteur, terme
passé lequel sa femme vit encore et ses enfants entrent à
peine dans le milieu de la vie, mais prenez le demi-siècle,
ce terme de cinquante ans qui embrasse dans la moyenne
probable des éventualités de la vie et de la mort le cercle
entier des trois existences parcourues par les trois êtres
qui représentent ou qui continuent immédiatement l'auteur lui-même. »

Dès l'ouverture des hostilités, Lamartine rencontra des adversaires irréductibles. Le premier coup, — le plus terrible peut-être, — fut porté par M. Berville, le savant président de chambre à la Cour de Paris, qui, dans un discours d'une logique froide mais écrasante (pour des esprits surtout à peu près convaincus d'avance), développa la théorie du droit-récompense. Puis vient Renouard, l'écrivain autorisé du « Traité des droits d'auteur », Portalis, d'autres encore. Portalis fut le plus violent. « Le projet de loi partait d'un égoïsme mercantile... On voulait créer un nouvel abus qui remplaçât l'antique abus des privilèges du Roy... Ce prétendu droit qu'on qualifiait du nom de propriété littéraire n'était bien plutôt qu'une usurpation commise au préjudice de l'humanité..... Les « élus de Dieu » ne devaient réclamer d'autre récompense que d'être la décoration de leur siècle à qui ils donnent leur nom. »

Indécise, la Chambre vota d'abord le principe de trente ans, puis chacun des articles, à de faibles majorités. Mais quand, après dix journées de discussion, on passa au scrutin sur l'ensemble de la loi, elle fut rejetée par 154 voix contre 108. Qu'était devenue la majorité ? Les uns, — partisans du principe de cinquante ans, — avaient répudié une loi qui ne leur en accordait que trente ; les autres, prévenus en faveur de la théorie du droit-récompense, —avaient trouvé que vingt ans suffisaient...

Bref, on resta sous le régime de février 1810, et, — à part une loi du 8 août 1844, qui assimilait, au regard de l'auteur dramatique, le droit de représentation au droit d'édition, — la Royauté ne fit rien pour les lettres. Napoléon III, qui, avant d'être empereur, avait fréquenté à l'Abbaye-aux-Bois, chez Mme Récamier, se montra un pro-

tecteur éclairé des choses de l'esprit (1). En 1853, une députation d'écrivains eut la pensée de s'adresser à lui ; et,
sous l'inspiration gouvernementale, la loi du 8 mars 1854
fut votée, qui, revenant aux conclusions de la Chambre
des Pairs de 1839, étendait à trente ans le droit des ayants
cause des auteurs. Droit viager pour l'auteur et sa veuve,
droit de trente ans à dater de leur décès : telle était, à
cette époque, l'étendue du bénéfice que l'écrivain récoltait
de son œuvre. — Ajoutons en passant, qu'un décret-loi de
1852, « une de ces grandes pensées qui viennent du cœur »,
a dit M. Perras, avait, — en punissant la contrefaçon
d'ouvrages étrangers, — provoqué les traités internationaux qui protègent efficacement notre littérature contre
les pirateries du dehors. — Etait-ce assez ? L'Empereur
voulut aller plus loin ; et, en 1861, il instituait une Commission qui, présidée par le comte Walewski, ministre
d'Etat, comptait parmi ses membres MM. Mérimée, Flou-
rens, Nisard, Augier, Sacy, Camille Doucet, Théophile
Gautier. Le travail de la Commission aboutit, en 1863, à
un projet de loi qui affirmait *la perpétuité* de la propriété
littéraire, avec une réglementation spéciale toutefois, savoir : cinquante ans de pleine jouissance pour l'auteur et
ses héritiers, puis une redevance indéfinie fixée à 5 p. 100
sur le prix des reproductions d'œuvres intellectuelles.
L'exposé du projet de loi, le résumé des discussions qui
l'avaient préparé étaient consignés dans un *livre bleu* extrêmement documenté, et, dont M. Perras a dit « qu'il se-

(1) Dans une lettre célèbre, écrite du fort de Ham, Louis-Napoléon avait
exprimé cette pensée « que l'œuvre intellectuelle est une propriété comme
une terre, comme une maison, qu'elle doit jouir des mêmes droits et ne
pouvoir être aliénée que pour cause d'utilité publique ».

rait un jour le Catéchisme de la religion de la perpétuité ».
Mais le projet de 1863 était trop hardi : et le Conseil d'Etat,
— effrayé de cette marche en avant, — se hâtait d'étouffer
le projet, et de provoquer la nomination d'une nouvelle
Commission. Cette nouvelle Commission était composée
de MM. Jules Simon, président ; le comte J. Murat, secrétaire ; Noubel, Granier de Cassagnac, Pelletan, Latour-du-
Moulin, Chauffard, Perras, Jubinal. Les Conseillers d'Etat,
commissaires du Gouvernement, chargés de soutenir la
discussion du projet de loi étaient : MM. Riché, Bayle-
Mouillard et Charles Robert. Le Conseil d'Etat eut soin
d'écarter de la loi l'expression de « propriété littéraire »
qui, d'après l'exposé des motifs, « avait, depuis quelques
années, obscurci la notion primitive du droit très respectable, mais artificiel, limité, que la législation mo-
derne avait inventé » ! Quelques membres de la Commission insistèrent pour qu'on rendît au droit des auteurs la
qualification de droit de propriété. Cette rectification fut
péremptoirement refusée par le Conseil d'Etat. La Commission commença son travail. Quatorze séances furent
consacrées à l'audition d'hommes de lettres, de compositeurs, d'artistes, d'éditeurs ; et le baron Taylor, et Paul Féval,
et MM. Goupil, Brandus, Delalain, Charpentier opinèrent
à tour de rôle. Lorsqu'on en vint au vote, quatre voix se
prononcèrent pour le *droit temporaire*, contre cinq en faveur de la *perpétuité* ; seulement, les partisans de la pre-
pétuité s'étaient divisés : trois tenaient pour la *perpétuité
avec redevance* et deux *pour la perpétuité du droit commun*. Le système du droit temporaire l'emporta donc ; et
le résultat fut le projet que la Commission proposa aux
Chambres sous le titre de « Projet de loi relatif aux droits

des héritiers et des ayants cause des auteurs ». S'inclinant
devant la volonté du Conseil d'Etat, la Commission avait,
on le voit, bien soin d'éviter de prononcer le mot de
« propriété » ; mais le rapporteur se hâtait de déclarer
qu'il n'y avait là aucun préjugé sur la nature du droit de
l'auteur. « Il a été loyalement entendu, et il faut loyalement le constater, que toutes les questions théoriques de-
meuraient expressément réservées, et qu'en ce qui concerne
la *perpétuité*, soit avec *le droit commun*, soit avec une *réglementation spéciale*, chaque commissaire gardait la pleine
liberté de ses convictions personnelles. En ce qui touche
ces principes, l'adoption du projet n'est donc qu'une trêve
sous les armes. Dans la pensée de la Commission, elle
n'est pour personne ni une victoire ni une défaite. — Du
reste, pour prévenir toute équivoque, il convient de rete-
nir encore que nul parmi nous n'a contesté au droit des
auteurs, à un moment donné et dans une certaine mesure,
les attributs et même la qualification de la propriété (1). »
Les débats commencèrent le 1ᵉʳ juin 1866. MM. Marie,
Pelletan, Nogent Saint-Laurens, Achille Jubinal, Jules
Simon, soutinrent avec énergie le principe de la propriété littéraire absolue et perpétuelle. Au contraire,
MM. Lafond Saint-Mür, Riché, commissaire du gouvernement, auteur de l'exposé des motifs, le baron de Beau-
verger, combattirent le système, soit de la propriété
elle-même, soit seulement de la perpétuité de la propriété (2). Le projet fut voté tel qu'il avait été présenté :
c'est-à-dire sans que l'on s'y occupât de la nature du droit
d'auteur, et en fixant à ce droit la durée de la vie de l'au-

(1) Rapport de M. Perras, nᵒ 2. D . P . 66.4.97.
(2) Séances des 1ᵉʳ et 2 juin 1866. *Moniteur officiel*, nᵒˢ des 2 et 3.

teur augmentée d'une période de cinquante ans. « Cinquante ans, disait le rapport, c'est la durée du droit en Espagne et en Russie.— En Angleterre et aux Etats-Unis, les droits combinés atteignent la limite de quarante-deux ans. — Le congrès de Bruxelles, en 1858, — celui d'Anvers, en 1861, — la Commission de 1825, celle de 1836, proposèrent de faire durer le droit cinquante ans après le décès de l'auteur.— Ajoutons que le projet de la Commission de 1863 fixait aussi à cinquante ans la période pendant laquelle la pleine jouissance était assurée aux héritiers. Il y avait en outre une redevance de 5 p. 100, mais c'était le symbole peut-être illusoire du régime de la perpétuité, qui, par des motifs divers, n'a pas trouvé place dans la loi actuelle. — Le délai de cinquante ans apparaît donc non seulement comme le plus conforme au but de *conciliation* et de *simplification* de cette loi, mais comme l'expression la plus haute du sentiment commun et de la raison universelle (1). » Il faut remarquer qu'avec la nouvelle loi le délai de cinquante ans part de la mort de l'auteur, et non plus de celle de la veuve : ce qui, en certains cas, le fait plus court que le délai de 1854. Mais surtout, — triomphe du bon sens, — la loi de 1866 abroge l'article 39 du décret de 1810 qui n'accorde la jouissance du droit de l'auteur qu'à la *veuve commune en biens* : désormais cette jouissance sera indépendante du régime matrimonial et appartiendra au conjoint quel qu'il soit, veuve ou veuf (2).

(1) Rapport de M. Perras, n° 6, D. P. 66.4.98.

(2) L'article 1er de la loi de 1866 déclare expressément (« .... des droits dont l'auteur prédécédé *n'a pas disposé par acte entre vifs ou par testament* ») que le conjoint est autorisé à disposer de son droit d'auteur d'une manière absolue, *même à titre gratuit.* Cette disposition, dit le rapport de M. Perras, se justifie par le caractère tout à fait *personnel* du droit des au

Depuis 1866, la législation n'a pas varié. La vie de l'auteur, cinquante années après sa mort : voilà donc ce qu'embrasse aujourd'hui la jouissance du « droit exclusif » de l'écrivain (1).

Quant aux discussions sur la nature du droit, elles sont loin d'avoir établi l'accord dans les deux camps opposés. Cependant une tendance à adopter le principe de la perpétuité s'est violemment manifestée dans les derniers congrès littéraires (2). Une nouvelle difficulté naît au moment de savoir si l'on acceptera la perpétuité de droit commun, ou la perpétuité avec redevance.

Dans un rapport qu'il a développé au Congrès de Berne, en août 1896, M. Ed. Mack a présenté un projet qui est

teurs. Ce serait un acte de véritable tyrannie que de contraindre le conjoint à laisser l'usufruit de son œuvre, à l'époux indigne ou incapable qui n'a partagé ni ses travaux ni ses triomphes, et qui ne serait ni le dépositaire intelligent, ni le gardien fidèle de son œuvre et de sa pensée.

(1) Il est indispensable que nous disions ici deux mots des œuvres posthumes. Car nous sommes, jusqu'à présent, supposé en face d'ouvrages publiés du vivant de l'auteur. Que dire des œuvres *mises au jour, publiées* après la mort de l'auteur ? Leur régime est réglé par le décret du 1er germinal an XIII), et se résume en deux points :

1º *L'ouvrage inédit est comme l'ouvrage qui n'existait pas.* Les propriétaires,à quelque titre que ce soit,d'ouvrages posthumes ont sur ces ouvrages un droit viager qui part du jour du décès de l'auteur ; et leurs héritiers ont (sous l'empire de la loi de 1866) une jouissance exclusive de cinquante ans après leur mort.

2º Il y aurait déchéance de leur droit, si les propriétaires joignaient à l'édition de l'œuvre posthume la réédition d'ouvrages déjà publiés et tombés dans le domaine public.

Tout ceci ne va pas, d'ailleurs, sans des difficultés de détail sur lesquelles nous ne pouvons insister. Voyez, sur ce point, *Arrêt de la Cour de Paris*, 29 mars 1878. Procès des œuvres d'André Chénier. Plaidoiries de Mes Nogent St-Laurens, Rousse, Cléry, O. de Vallée, Worms ; conclusions de MM. Lefebvre de Viefville et Choppin d'Arnouville. Worms, *Etude sur la propriété littéraire*. Le Senne et Collet, *Etude sur la propriété des œuvres posthumes.*

(2) Le Congrès de Paris a voté le principe de la perpétuité, sur la proposition de Victor Hugo (1878), dont il était intéressant de rapprocher l'avis de celui de Lamartine.

une combinaison fort ingénieuse des systèmes de la perpétuité avec redevance, proposée déjà en 1866, et du système italien *du domaine public payant*. Voici l'économie
du régime inauguré en Italie par la loi du 25 juin 1865 ;
pendant toute la vie de l'auteur de l'œuvre et au moins
pendant quarante ans *du jour de la publication*, cet auteur
et ses ayants cause ont le droit exclusif; puis l'œuvre tombe
dans le domaine public, qui a seulement la charge *pendant quarante autres années* de payer une redevance aux
anciens titulaires du droit. M. Mack, reprenant l'idée italienne, propose de faire vivre le droit exclusif pendant un
certain nombre d'années à déterminer, — cinquante ans
au maximum après la mort de l'auteur, et quatre-vingts
ans après la première publication, par exemple, — de le faire
vivre entièrement libre, à l'état de pleine propriété, absolue, indépendante ; puis, ce délai expiré, le droit, tout en
restant droit de propriété, *serait grevé, moyennant redevance, d'une servitude d'usage de l'œuvre au profit de quiconque voudrait en faire une édition*. La perception des
redevances serait confiée facultativement à des sociétés
indépendantes de l'Etat, mais reconnues par lui d'utilité
publique (1).

Tout cela est fort ingénieux ; mais pourquoi ce système,
presque impraticable, de redevances ! Quelles difficultés
ne présenterait pas cette perception ? Et pourquoi ne pas
aller franchement au régime de la perpétuité pure et simple, sans conditions, — avec les seules réserves que nous
indiquions de la caducité et de la faculté d'expropriation ?

(1) Ed. Mack, *De la perpétuité du droit d'auteur*, 1897.

§ III.

Le régime de la perpétuité n'a été adopté jusqu'ici que par trois lois étrangères : celles du Mexique, du Guatemala et du Venezuela. Mais l'assemblée générale des écrivains et journalistes allemands, réunie à Munich, en 1893, a voté, sur la proposition de M. Osterieth, un projet de loi la demandant au Parlement allemand. En Italie, une proposition actuellement soumise aux Chambres la réclame, au moins pour les œuvres dramatiques.

D'autres législations ont adopté le délai de quatre-vingts ans après la mort de l'auteur : telles la loi espagnole, et celle de la Colombie. Le Congrès hispano-américain de 1893 s'y est, à son tour, arrêté comme à un délai « constituant une transaction entre la perpétuité et les délais plus restreints ». Malheureusement, c'est là une transaction qui ne satisfait personne : pour les partisans de la temporanéité, le délai est trop long ; quant aux partisans de la perpétuité, ils n'ont à s'incliner devant aucun délai. D'ailleurs, sous ce régime, on voit subsister toutes les difficultés qui militent contre les systèmes de la temporanéité.

Nous avons parlé de la loi italienne. Reste la loi belge, devant laquelle il faut s'arrêter un instant. Le délai fixé par la loi du 22 mars 1886 est le même qu'en France ; la vie de l'auteur et cinquante ans. Mais où le législateur belge s'est nettement séparé de nous, c'est en abandonnant définitivement le principe de la *propriété* (1). Il a vu

____

(1) La loi belge est intitulée : *Loi sur le droit d'auteur*, et non pas *loi sur la propriété littéraire*. Ce changement d'expression est l'œuvre de la section centrale. M. Ch. de Borchgrave, qui présentait le rapport au nom de cette section, se rangeait à la théorie des *droits intellectuels*. Mais cette théorie ayant soulevé, à la Chambre et dans la section même, de

dans le droit d'auteur l'espèce d'un genre nouveau de
droits : *les droits intellectuels*, droits qui ne ressemblent à
aucun des droits définis jusqu'ici, et qu'il faudrait ajouter
comme quatrième terme à la division classique des droits
en droits personnels, réels et d'obligation. Toute cette théorie des droits intellectuels a été développée avec infiniment
de talent par M. Ed. Picard, le grand avocat belge (*Pandectes belges*, t. II, introduction, p. 26). Mais, il faut le reconnaître, elle est aussi arbitraire que subtile. M. Picard
part de deux principes : 1° La propriété doit être impéné-
trable. Les productions intellectuelles se dédoublent à
l'infini. Donc, elles ne sauraient faire l'objet d'une *propriété*; 2° La propriété ne se conçoit que perpétuelle. Le
droit de l'auteur est temporaire. Donc, il ne peut constituer un droit de propriété. — Voilà deux syllogismes dont
les mineures sont également fausses. 1° En prétendant que
les productions intellectuelles se dédoublent à l'infini, on
fait une confusion, nous l'avons vu, entre la jouissance
intellectuelle et la jouissance matérielle du livre. Ce qui
fait l'objet du droit exclusif, c'est la jouissance matérielle :
celle-là, l'auteur ne la communique à personne ; 2° Le
droit de l'auteur *est-il* temporaire ? Non : des lois positives,
jusqu'ici, l'ont *déclaré* temporaire ; mais nous avons
montré que sa nature le prédispose logiquement à la perpétuité. En somme, si M. Picard, — et, avec lui, l'école

vives contradictions, la Chambre a déclaré ne pas prendre parti sur la
question de la *nature du droit d'auteur*, et elle a adopté cette dernière
expression comme une expression neutre laissant place à toutes les opinions (Voir Maurice Benoist et Louis Descamps, *Commentaire législatif de
la loi du 22 mars 1886 sur le droit d'auteur*, Bruxelles, Ramlot, éd., 1 vol.
in-8, 1889). Il n'en est pas moins vrai que, de l'ensemble des travaux pré-
paratoires se dégage l'intention bien déterminée de la majorité d'orienter
la législation vers la théorie « des droits intellectuels ».

belge, — avait admis la perpétuité du droit (et il ne peut
y avoir qu'avantage, nous l'avons montré, à l'admettre),
il n'eût pas été entraîné à créer cette quatrième classe arbitraire des droits intellectuels. Arbitraire : car, de deux
choses l'une, ou le droit est subjectif, ou il est objectif.
Subjectif, c'est le droit *de personne*. Objectif, il ne peut
être que *droit réel ou droit de créance*. Le Code civil a donc
envisagé, en rangeant les droits en personnels, réels ou
d'obligation, toutes les espèces de droits possibles. Si,
parce qu'au droit intellectuel vous trouvez une physiono-
mie un peu inaccoutumée, vous voyez la nécessité de créer
une classe nouvelle de droits, il n'y a pas de raison pour
n'en pas créer une foule d'autres : pour la propriété des
mines, par exemple, que la loi de 1810 soumet à des res-
trictions inusitées. Acceptez le principe de la perpétuité :
toutes vos inquiétudes se dissiperont d'elles-mêmes ; et
vous échapperez au pénible travail de construire ce quatrième livre du Code civil, en huit ou dix chapitres, que
dans votre conception vous jugez nécessaire d'édifier à
l'usage de vos « droits intellectuels ».

§ IV.

Quoi qu'il en soit, chez nous, c'est bien en *propriété* que
le législateur a traité le droit d'auteur. Toutes nos lois, —
sauf celle de 1866, — emploient expressément le mot ; et,
pour la loi de 1866, le commissaire du gouvernement,
M. Riché, a expressément déclaré : « Nous avons maintenu
le principe de nos lois antérieures... Si notre projet n'a
pas prononcé le mot de propriété, il aurait pu le faire sans
péril... » (*Moniteur*, 2 juin 1866) (1). Cette propriété a été

(1) Cependant, dans un arrêt récent, la Cour de Cassation (Chambre des

définie, assise, délimitée par des lois civiles que nous avons passées en revue. Mais il ne suffisait pas de l'établir, il fallait la protéger : comme toutes les propriétés, elle allait en effet avoir à subir les attaques de malfaiteurs que nous avons déjà nommés : les contrefacteurs. C'est ici que la loi pénale intervint. Après avoir défini la propriété, le législateur voulut en prévoir la violation ; et il réprima cette violation par les articles 425-429 de son Code de 1810. C'est à l'étude de ces articles de la loi pénale que nous allons nous attacher maintenant.

Requêtes) a décidé « que les droits d'auteur et le monopole qu'ils confèrent sont désignés à tort, soit dans le langage usuel, soit dans le langage juridique, sous le nom de *propriété* ; que, loin de constituer une propriété comme celle que le Code civil a définie et organisée pour les biens meubles et immeubles, ils donnent seulement à ceux qui en sont investis le privilége exclusif d'une exploitation *temporaire* » (25 juillet 1887, Grus c. Ricordi, D. P. 88.1.5). Le raisonnement de la Cour de cassation ne détruit rien de notre thèse. Le droit de l'auteur n'est pas une propriété, dit-elle, parce qu'il n'est pas perpétuel. Eh bien ! rendez-le perpétuel, comme nous le demandons, et rien ne vous empêchera plus de le déclarer *propriété* !

DEUXIÈME PARTIE

DE LA CONTREFAÇON DES ŒUVRES LITTÉRAIRES.

CHAPITRE PREMIER

DE LA CONTREFAÇON. — DÉFINITION. ÉLÉMENTS CONSTITUTIFS.

1. Nous venons de voir que l'écrivain a, pendant sa vie, le droit exclusif de *reproduire* son œuvre ; — qu'après sa mort, ce droit passe pendant cinquante ans (depuis la loi de 1866) sur la tête de ses héritiers, successeurs irréguliers, donataires ou légataires ; plein et entier, s'il n'existe pas de conjoint survivant ; réduit et limité, dans le cas contraire, par la « simple jouissance » qu'accorde au conjoint survivant l'article 1er de la loi de 1866 ; — qu'enfin, à l'expiration du délai de cinquante ans, l'œuvre tombe dans le domaine public. Jusqu'au jour de cette prise de possession par le domaine public, chacun a sur l'œuvre un droit de profit intellectuel qui consiste à la lire, à la commenter, à s'en approprier les idées : droit qui naît au moment même de la publication, et qui subsiste indéfiniment. Mais si quelqu'un, ne se contentant pas de ce profit intellectuel, veut tirer un bénéfice plus étendu de l'œuvre publiée, et se hasarde, alors que le droit exclusif vit encore, à la re-

produire par un procédé quelconque, il commet un acte qui est une atteinte au droit de propriété de l'écrivain, et qu'on appelle *contrefaçon*.

La contrefaçon peut donc se définir : une violation du droit de reproduction de l'auteur. Etymologiquement, le mot s'explique immédiatement : on a remarqué toutefois qu'il n'était pas d'une exactitude parfaite, puisqu'il peut y avoir contrefaçon sans qu'il y ait fabrication ou *façon contraire* à une façon ou fabrication légitime (1). Notre définition n'est, d'ailleurs, pas spéciale à la contrefaçon des œuvres littéraires ; elle peut s'appliquer à toute atteinte portée, par la reproduction, à la propriété des brevets d'invention, des marques de fabrique ou de commerce, des noms commerciaux, des œuvres artistiques, des dessins et des modèles de fabrique (2).

C'est l'article 425 du Code pénal qui donne la définition du délit de contrefaçon, en matière littéraire ; il le fait d'une façon très claire, presque complète, et en des termes équivalents à ceux que nous venons d'employer. « Toute édition d'écrits, dit-il, ou de toute autre production, imprimée ou gravée en entier ou en partie, au mépris des lois et règlements relatifs à la propriété des auteurs, est une contrefaçon ; et toute contrefaçon est un délit. »

La loi allemande du 11 juin 1870, — la plus explicite de toutes les lois sur la matière, — s'exprime en termes

(1) Darras, *Traité de la contrefaçon*, n° 1 ; Renouard, *Traité des droits d'auteur*, t. 2, n° 4. On peut citer l'exemple du cas de reproduction illicite d'un discours.

(2) La contrefaçon des œuvres artistiques, celle des dessins et des modèles de fabrique, est prévue par l'article 425 du Code pénal. La contrefaçon des noms commerciaux, par la loi des 28 juillet-4 août 1824. Celle des brevets d'invention par la loi du 5 juillet 1844. Et, enfin, celle des marques de fabrique par la loi du 23 juin 1857.

semblables, dans son article 4. « Toute reproduction d'un écrit par des procédés mécaniques, faite sans le consentement de l'ayant droit, est qualifiée contrefaçon et est interdite. — Cette interdiction s'applique à la reproduction partielle, comme à la reproduction intégrale. Il faut assimiler à la reproduction par procédé mécanique la copie faite à la main, si cette copie est faite pour tenir lieu de l'impression. »

Ainsi donc, pour la loi allemande, comme pour la loi française, la contrefaçon s'analyse *en une violation du droit de reproduction de l'auteur*. Du droit de reproduction, disons-nous, et non pas simplement *du droit* de l'auteur. Tout ce qui viole le droit de l'auteur n'est pas, en effet, nécessairement une contrefaçon : c'est ainsi que l'éditeur, par exemple, devenu propriétaire d'une œuvre littéraire, qui apporterait, sans l'assentiment de l'auteur, une modification à son œuvre, serait passible de poursuites civiles, en vertu de l'article 1382 du Code civil, mais non de poursuites correctionnelles en vertu de l'article 425 du Code pénal.

§ 2. En quoi doit consister la reproduction, pour être frauduleuse? Par quels procédés doit-elle être faite?

Généralement, le reproducteur emploie le procédé le plus rapide, et par conséquent le plus lucratif : l'impression. Dans ce cas, pas de difficulté : l'espèce est expressément prévue par l'article 425. Mais il y a un mode plus primitif, et plus à la portée de tous : la copie manuscrite. Faut-il décider que la reproduction manuscrite est une contrefaçon?

Il est bien certain, tout d'abord, que si je copie, *pour mon usage personnel*, un livre que j'ai acheté, je ne fais qu'exercer un droit légitime de jouissance : je n'ai porté nulle atteinte à la propriété de l'auteur (1). Mais si ma reproduction a un caractère commercial ; si, par exemple, maître de pension, je fais copier un ouvrage, et que je distribue les manuscrits à mes élèves ? Ne vais-je pas tomber sous le coup de l'article 425 ?

En Allemagne, la question ne se poserait pas. Nous avons lu, en effet, dans l'article 4 de la loi du 11 juin 1870, que « il faut assimiler à la reproduction par procédé mécanique la copie faite à la main, si cette copie est faite pour tenir lieu de l'impression ». En France, la raison de douter vient des termes mêmes de l'article 425 : « toute édition..... *imprimée ou gravée* en entier ou en partie ». La loi dit *imprimée*, prétendent certains auteurs, et par conséquent a exclu la reproduction manuscrite (2). Je ne voudrais pas leur répondre, avec d'autres auteurs, que les mots *imprimée ou gravée* se rattachent au substantif *production*, et non pas au substantif *édition*. Car, d'une part, ce serait dédaigner la construction grammaticale de la phrase, et oublier qu'entre *production* et *imprimée* il y a une virgule ; d'autre part, ce serait préparer un argument dangereux à ceux qui, tout à l'heure, vont nous soutenir que le *discours* ne peut pas être contrefait, la phrase *toute édition de production imprimée* éliminant nécessairement les productions orales. Je préfère répondre, aux auteurs qui refusent l'application de l'article 425 à la reproduction par manuscrits, qu'en écrivant « toute production imprimée » la loi a statué *de eo quod plerumque fit* ; que son

____

(1) *Sic* : Renouard, *Droits d'auteur*, t. 2, p. 42 ; Gastambide, p. 115 ; De Folleville, *De la propriété littéraire*, p. 12.

(2) Allezard, *France judiciaire*, 85-86, 1re partie, p. 391.

vœu était certainement d'atteindre la contrefaçon par manuscrit ; que l'article 425 dit *toute édition*, c'est-à-dire tout
procédé de mise au jour ; que l'oubli du législateur de 1810
peut s'expliquer par cette circonstance qu'il a repris tex-
tuellement les termes dont s'était servi le législateur de
1793. « Les officiers de paix seront tenus de confisquer....
tous les exemplaires des *éditions imprimées ou gravées*
sans la permission formelle et par écrit des auteurs »
(L. 19 juillet 1793, § 3). La jurisprudence, au surplus,
est unanime en notre sens (1). Il n'en serait pas moins à
désirer, puisque nous sommes en matière pénale, où tout
doit être interprété restrictivement, — qu'un paragraphe,
conçu en termes identiques à ceux de l'article 4 *in fine* de
la loi allemande, fût ajouté à notre article 425.

§ 3. « Toute édition, dit l'article 425, imprimée *en entier ou en partie...* » La contrefaçon consiste donc dans la
reproduction partielle, comme dans la reproduction intégrale. C'est ce que dit également la loi allemande. « Cette
interdiction s'applique à la reproduction partielle, comme
à la reproduction intégrale. » Et cela s'explique aisément.
Si le législateur n'intervenait qu'en cas de reproduction
intégrale, la modification d'une ligne, d'un paragraphe,
d'un chapitre, dans le livre frauduleux, suffirait à conjurer
toute poursuite.

Quand donc y aura-t-il reproduction partielle suffisante
pour que l'on puisse appliquer les peines de l'article 425 ?

____

(1) « C'est violer le droit d'auteur, dit M. Renouard, que de *reproduire*
l'ouvrage *par un procédé quelconque de fabrication* » (*Traité des droits
d'auteurs*, t. 2, p. 41). *Sic* : Pouillet, *Propriété littéraire*, n° 527 ; Darras,
Du droit des auteurs, n° 368, p. 443, n. 1 ; Trib. Seine, 20 avril 1870, Brandus, Dufour, Gérard et Cie (*Ann. propr. ind.*, 70-71. 172) ; Trib. Reims,
11 juin 1890 (*Le Droit*, 14 juin) ; Marseille, 23 déc. 1886 (Clunet, 87. 72) ;
Montpellier, 19 févr. 1889 (*Droits d'auteur*, de Berne, 90.77).

« Il y a contrefaçon, dit M. Pouillet, avec toute la doctrine et la jurisprudence, lorsque, sans copier servilement
l'œuvre, *on l'imite dans son ensemble et dans ses parties
essentielles et caractéristiques.* » Voilà donc le critérium :
la reproduction partielle devient punissable lorsqu'elle
s'attaque à des parties *essentielles* de l'ouvrage. C'est qu'a-
lors, en effet, l'œuvre contrefaisante reproduit la physio-
nomie de l'œuvre contrefaite ; elle en est comme la réduction ; et, par conséquent, le débit de la première nuit au
débit de la seconde.

§ 4. Le Tribunal de la Seine vient de faire une application très intéressante de ces principes, en matière de *citations.* La citation, en thèse générale, est légitime. Cependant, *si les citations atteignent un développement suffisant
pour dispenser le lecteur de l'achat de l'œuvre citée,* elles
tombent sous le coup de la loi. Ainsi le décide une jurisprudence constante (1). Voici maintenant l'espèce du Tribunal de la Seine. Un bibliophile, du nom de Laporte, qui
a entrepris de vouer au mépris public « un écrivain qui,
depuis vingt ans, a triomphé de plus rudes assauts »,
avait publié un opuscule de 180 pages dans lequel il réu-
nissait, bout à bout et sans lien, toutes les obscénités qu'on

______

(1) Pouillet, *Traité de la propriété littéraire,* n° 511 ; Huard et Mack,
Répertoire en matière de propriété littéraire, édit. de 1895, n°s 570 et suiv.—
Seine, 8 juin 1830 et Paris, 13 juillet 1830 ; Darthenay, S. et P. chr.;
Rouen, 7 juin 1849, D. P. 52.2.24 ; Paris, 26 avril 1851, D. P. 52.2.178 ;
Paris, 1er décembre 1855, Huc, *Annales propriété industrielle,* 57.243. —
Cass., 24 mai 1855, Thoisnier-Desplaces, S. 55.1.392, P. 55.2.271 ; Paris,
30 mai 1857, Lecoffre, *Ann. propr. ind.,* 57.246. — Trib. corr. Seine,
21 mars 1865, Vieillot, *Ann. propr. ind.,* 65.198 ; Trib. Seine, 21 mars 1889,
Duquet, Charpentier et autres, S. 91.2.143, P. 91.1.718.
V. enfin un arrêt, très intéressant, du 4 décembre 1894, de la Cour de
Paris, confirmant un jugement du Tribunal de la Seine du 24 février 1894
(Aff. Bastard c. Garnier et Dik de Lonlay, *Français et Allemands,* D. P.
1895.2.491).

peut trouver dans l'œuvre de M. Zola (1). M. Zola le
poursuivait comme contrefacteur. Y avait-il là contrefaçon ? « La contrefaçon, a conclu M. le substitut Lecher-
bonnier, se rencontre lorsque la citation s'applique à ce
qui est *la moelle de l'ouvrage*. Il faudrait donc établir ici
que les passages cités sont les plus saillants de l'œuvre
de M. Zola. J'estime assez le grand romancier pour refuser de croire cela. L'œuvre de M. Zola, dit M. Laporte,
n'existe que par son obscénité : c'est le code de la polisson-
nerie. Ce raisonnement, s'il était vrai, ferait condamner
M. Laporte ; mais il est faux. Ces passages sont d'ordre
secondaire : ils ne représentent que 180 pages parmi
les 20 volumes d'une œuvre, et ces détails, s'ils sont
obscènes, se noient dans l'harmonie de l'ensemble. L'attaque de M. Laporte est un procédé méprisable. Etrange
critique que celle qui, dans l'être humain, négligerait
la beauté du visage, l'harmonie de la structure, et ne
s'attaquerait qu'aux organes inférieurs, obscènes ! En li-
sant le livre, on sent l'inanité autant que la perfidie de son
procédé. C'est dire que M. Zola gagne son procès devant
l'opinion publique, tout en le perdant devant la loi et le
Tribunal. » Conformément à ces conclusions, le Tribunal
a jugé qu'il n'y avait pas contrefaçon (24 février 1897,
9ᵉ chambre). Tout cela s'explique très bien. La citation est
le plus légitime des droits. L'écrivain qui livre ses pensées
à la publicité les expose, par le fait même, à la critique, à
l'éloge ou au blâme ; or la critique d'un ouvrage ne se conçoit pas sans le droit d'en citer des extraits sur lesquels
on appuie l'appréciation qu'on en donne. Rien n'est donc
plus utile, et même plus nécessaire, que le droit de citation

---

(1) *Zola contre Zola* : tel était le titre de la brochure.

ainsi entendu. Mais si, au lieu de se servir de la citation « comme d'un témoignage documentaire », suivant l'expression de M. Darras (1), le reproducteur en fait la substance même de son propre ouvrage ; s'il la multiplie au point de s'approprier l'essence de l'œuvre d'autrui, il dépasse les limites permises du droit de citation, et devient un contrefacteur. Un jugement du Tribunal de la Seine a décidé, en ce sens, qu'il ne peut être fait usage du droit de citation qu'à la double condition : 1° que le nom de l'auteur cité soit rapproché de la citation ; 2° que la citation soit encadrée dans un récit ou une discussion personnelle à l'auteur qui en fait usage (2).

§ 5. La reproduction partielle constitue donc une contrefaçon, lorsqu'elle contient en elle des parties substantielles de l'ouvrage reproduit. Il faudra, par suite, décider qu'il y a un délit dans le fait de réimprimer *en l'abrégeant* l'ouvrage d'autrui, à moins que la rédaction de l'abrégé ne diffère notablement de celle de l'original et que l'abréviateur n'y ait joint de considérables observations personnelles (3). Pour les mêmes raisons, l'*analyse* d'un ouvrage, — très légitime lorsque, faite discrètement, elle n'a pour but que de discuter l'ouvrage, — peut devenir un délit si elle prend des proportions telles qu'elle puisse nuire à la vente de l'original (4). On pourrait objecter qu'ici la

(1) *Traité de la contrefaçon*, 1357.
(2) Trib. Seine, 21 mars 1889, précité.
(3) De même, la réimpression avec additions, changements ou corrections, serait une contrefaçon (Crim. Cass., 28 flor. an XII).
(4) Pouillet, *Prop. litt.*, n° 520 ; Renouard, *Droits d'auteur*, t. 2, p. 30 ; Rouen, 7 juin 1849, Collot, D. P. 52. 2. 24 ; Nîmes, 25 févr. 1864, Michel-Lévy, *Ann. prop. ind.*, 64. 387 ; Seine, 21 mars 1889, précité ; Seine, 20 nov. 1889, Sardou, *Ann. prop. ind.*, 90. 208 ; Seine, 9 mai 1890, Bisson, *Droit d'auteur*, de Berne, 1890, p. 79 ; Trib. corr. Marseille, 28 nov. 1891, Calmann-Lévy, *Ann. prop. ind.*, 92. 220.

reproduction n'est pas littérale, que pas une seule ligne, peut-être, de l'œuvre primitive ne va se retrouver dans l'analyse. Qu'importe? Le droit de propriété littéraire s'attache non seulement à la forme même adoptée par l'auteur, mais à l'enchaînement des idées qui distingue son œuvre : la publication de l'analyse équivaut donc à une véritable contrefaçon.

§ 6. Pour les mêmes motifs, on pourra taxer de contrefaçon un livre qui ne contiendra pas un seul passage du livre original, mais dont le sujet sera emprunté à celui-ci, avec ses grandes lignes et tout ce qui le singularise. Il a été ainsi jugé que l'article 425 frappait le fait de publier un livre qui, *au seul point de vue de l'invention*, est la reproduction complète d'une œuvre antérieure, et dans lequel le lieu de l'action, les personnages principaux et les épisodes sont identiques, alors surtout que les dissemblances et les développements donnés à certaines situations n'ont eu pour but que de dissimuler l'emprunt (Paris, 20 février 1872. Delagrave c. Dravigny et Sarlit, *Le Robinson des neiges*. D. P. 72. 2. 173).

§ 7. Bien mieux. L'usurpation *d'un titre* elle-même peut servir de base à une poursuite, si ce titre est assez original pour tenir lieu d'enseigne et, en quelque sorte, d'analyse à l'ouvrage. Dans ce cas, en effet, le titre est une partie substantielle de l'œuvre. « Le titre, a dit M. Merlin (1), est ce qui appartient le plus essentiellement à l'auteur ; ôtez ce titre, il n'y a plus moyen d'annoncer l'ouvrage au public, plus de moyen de le déposer à la Bibliothèque nationale, plus de moyen de le vendre et d'en tirer aucun parti. »

(1) Affaire du Dictionnaire de l'Académie française. Dalloz, J. G., v° *Propriété littéraire*, n° 348, n. 2.

« Le titre, a dit aussi M. Blanc, est l'enseigne de l'ouvrage ; c'est le titre qui le désigne au public ; c'est le titre qui le distingue, soit des autres productions du même genre, soit des autres publications du même auteur. Le titre est le nom de l'ouvrage. On ne peut s'en emparer sans le rendre méconnaissable aux yeux du public auquel il s'adresse » (1).
— Il faudrait, naturellement, décider le contraire si le titre avait un caractère banal, vulgaire, généralement employé pour désigner un genre particulier d'ouvrages, tel que, par exemple, *Dictionnaire de médecine usuelle* (2) : car, dans ce cas, le titre ne serait plus une partie *substantielle* de l'ouvrage, et l'usurpation du titre ne pourrait plus être considérée comme une *reproduction particlle* (3).

§ 8. Nous dirons donc, pour nous résumer, que la loi punit, sous le nom de contrefaçon, *la reproduction partielle comme la reproduction totale.*

§ 9. Mais que faut-il entendre sous le nom de *reproduction* ? Ici, des difficultés vont se présenter.

Prenons d'abord la question la plus intéressante, celle de la *traduction.* La traduction d'un ouvrage en est-elle une reproduction, et, par conséquent, une contrefaçon ? L'affirmative est aujourd'hui presque généralement admise ; mais ce n'a pas été sans de vives controverses.

Les partisans de la négative invoquaient trois arguments.

---

(1) *Traité de la contrefaçon.*
(2) Trib. com. Seine, 5 fév. 1836.
(3) *Sic :* Renouard, t. 2, p. 126 ; Gastambide, *Traité des contrefaçons,* n° 198 ; Le Senne, *Des droits d'auteur,* n° 66 ; Goujet et Merger, *Dict. du droit com.,* v° *Prop. litt.,* n°ˢ 81 et suiv. — Cass., 28 floréal an XII, Bossange, D. J. G., v° *Prop. litt.,* n° 348 ; Paris, 8 décembre 1833, D. J. G., v° *Prop. litt.,* n° 104, n° 2 ; Paris, 8 octobre 1835, Forfelier, D. J. G., v° *Prop. litt.,* n° 442 ; Orléans, 10 juillet 1854, Thoisnier-Desplaces, D. P. 55.2.157, en sens contraire.

1º Le droit de propriété littéraire ne s'applique pas aux *idées*, mais à la *forme* nouvelle donnée aux idées puisées dans le fonds commun. Dès lors, la traduction est licite puisqu'elle change précisément le mode d'expression de l'œuvre (1). — 2º La loi de 1793, à laquelle il faut toujours se reporter en matière de propriété littéraire, a donné aux auteurs le droit exclusif de *faire vendre* leurs ouvrages, et non pas de *les faire traduire*. Son silence est d'autant plus significatif qu'en matière artistique elle a réservé aux peintres et dessinateurs le monopole non seulement de la vente, mais encore de la gravure de leurs œuvres : or, qu'est-ce que la gravure, si ce n'est la traduction de l'œuvre ? — 3º Pourquoi l'auteur se plaindrait-il du travail de traduction qui lui profite, puisqu'il permet de répandre l'œuvre et de la mettre à la portée de lecteurs qui n'auraient pu en prendre connaissance dans la langue originale ?

Nous avons répondu déjà au premier de ces arguments, et nous avons établi que l'objet du droit de propriété littéraire est l'*enchaînement des idées* de l'auteur, et non pas seulement la *forme* donnée à ces idées. Quant au second argument, il repose sur une pétition de principe. L'auteur, dites-vous, a droit de *faire vendre ses ouvrages*, et non pas de les faire traduire : car la loi de 1793 parle de la vente, et non pas de la traduction. *Or, la traduction n'est plus un ouvrage de l'auteur* : donc celui-ci ne peut pas la faire vendre, et en bénéficier exclusivement. La pétition de principe porte sur la mineure du syllogisme : à savoir que la traduction n'est plus un ouvrage de l'auteur. Là est

(1) Renouard, t. 2, p. 38 ; Gastambide, nº 58 ; Laboulaye, *Revue de législation*, 1852, p. 300 ; Le Senne, nº 31 ; Foucher, *Ann. prop. ind.*, 1858, p. 442.

précisément l'objet de la controverse. Nous prétendons, au contraire, nous, que la traduction est toujours l'œuvre de l'auteur, ou du moins la reproduction partielle de cette œuvre, puisqu'elle en fait revivre l'économie générale et les idées. Que si la loi de 1793 s'est prononcée explicitement à l'égard de la gravure, mode de reproduction des œuvres peintes, c'est qu'ici il y avait un doute possible : car la gravure s'inspire d'un art et de procédés tout différents de l'art et des procédés du peintre. Le traducteur, au contraire, ne fait que calquer l'écrit original. — Enfin, prétendre que l'auteur n'a que bénéfice à retirer de la traduction faite par autrui et pour le compte d'autrui est un paradoxe ingénieux : mais le vrai bénéfice pour l'auteur consiste à *céder* le droit de traduction, et à recueillir non seulement le fruit *moral*, mais encore le fruit *matériel* de la traduction. Dans le système de la négative, il a bien le fruit moral ; mais le bénéfice matériel lui échappe.

Il faut donc décider que la traduction, sans autorisation de l'auteur, est un délit qui relève de l'article 425. La jurisprudence, nous l'avons dit, est définitivement fixée en ce sens (1). « Toute *édition* d'écrits, dit d'ailleurs l'article 425...., est un délit. » L'article spécifie-t-il la langue dans laquelle l'écrit sera édité ? Voici un ouvrage français. Vous en publiez une édition anglaise. N'est-ce pas une façon de l'*éditer*, de le faire connaître à un public, spécial si vous voulez, celui qui lit l'anglais, mais qui

(1) V. *Propriété littéraire*, n° 533 ; Gastambide, p. 108 ; Pataille, *Ann. prop. ind.*, 56, 67 ; Darras, *Du droit des auteurs*, n° 69 ; Blanc, p. 416 ; Lacan, n° 703 ; Pardessus, n° 164 ; Calmels, p. 150 et s. ; Rendu et Delorme, n°ˢ 814 et 869. — Rouen, 7 nov. 1845, Rosa (S. 46.2.521, P. 46.1. 658, D. 46.2.212). — Paris, 17 juillet 1847, Blanc, p. 177.

n'en est pas moins le public, et qui, ayant lu l'édition
anglaise, n'achètera pas l'édition française ?

En fait, la plupart des traités internationaux accordent
aux auteurs le droit de publier exclusivement pendant
un certain temps la traduction de leurs ouvrages.

L'article 5 du traité signé à Berne, en 1886, pour la
protection des œuvres littéraires et artistiques (1), stipule
que « les auteurs ressortissant à l'un des pays de l'Union
jouissent, dans les autres pays, du droit exclusif de faire
ou d'autoriser la traduction de leurs ouvrages jusqu'à l'expiration de dix années à partir de la publication de l'œuvre
originale dans l'un des pays de l'Union ». Il résulte de là
que l'auteur français a, dans tous les pays de l'Union, sauf
en France, le droit exclusif de traduction *pendant dix ans*.
En France, nous venons de le voir, il a ce même droit
aussi longtemps qu'il a le droit de reproduction : c'est-à-
dire que, chez nous, le droit de traduction dure toute la
vie de l'auteur, et cinquante ans après sa mort. Et comme
le décret du 28 mars 1852 a assimilé les œuvres parues
à l'étranger aux œuvres parues en France, il faut décider
que, même pour les premières, le droit de traduction de
l'auteur dure en France toute sa vie, et cinquante ans au
delà.

Quant aux étrangers leur situation en France en ce qui
concerne le droit de traduction se définit bien simplement :

a) Appartiennent-ils à l'un des pays de l'Union soit par
leur nationalité, soit par la première apparition de leur

(1) Entre l'Allemagne, la Belgique, l'Espagne et ses colonies, la Grande-
Bretagne et ses colonies, la République d'Haïti, l'Italie, le Luxembourg,
la principauté de Monaco, le Monténégro, la Suisse et la Tunisie. Signé le
9 sept. 1886, approuvé en France par la loi du 28 mars 1887 (D. P. 88.
4.4).

œuvre ? Ils jouissent en France des mêmes droits que les Français (art. 2 du traité de Berne), et par conséquent ont un droit exclusif de traduction qui dure aussi longtemps que leur droit exclusif de reproduction.

β) Appartiennent-ils à un pays resté en dehors de l'Union ? La durée de leur droit de traduction est réglée par les traités que leur pays a pu conclure avec la France postérieurement au décret de 1852 ; en l'absence de traités, il faut appliquer les dispositions du décret de 1852, et déclarer que le droit de traduction de l'auteur étranger dure, en France, aussi longtemps que son droit de reproduction (Voir, *infrà*, 4ᵉ partie : *De la portée internationale des lois françaises relatives à la contrefaçon littéraire*).

En Allemagne, le législateur paraît hésiter à appliquer au traducteur les peines de la contrefaçon ; il ne le fait que dans trois cas bien déterminés :

1º Lorsqu'un ouvrage publié en une langue morte est traduit en une langue vivante :

2º Lorsqu'un ouvrage publié simultanément en plusieurs langues est traduit en une de ces langues :

3º Lorsque l'auteur s'est réservé le droit de traduction sur le titre ou en-tête de son ouvrage, pourvu toutefois que la traduction ainsi réservée ait entièrement paru dans le délai d'un an. Ce délai ne commence à courir qu'à l'expiration de l'année pendant laquelle a paru l'original ; même en ce cas, ses droits ne sont sauvegardés qu'à l'égard de la langue dans laquelle il a publié une traduction, et il ne peut poursuivre que ceux qui font paraître une autre traduction avant l'expiration d'un délai de cinq ans à partir de la publication de sa propre traduction (1).

(1) L. 11 juin 1870, art. 6 et 15.

La législation allemande est beaucoup plus timide ici, on le voit, que la législation française. Elle n'est d'ailleurs pas opposable aux auteurs français qui, grâce à l'Union de Berne, conservent pendant dix ans, et sans aucune condition, en Allemagne comme dans tous les autres pays de l'Union, ce droit exclusif de traduction.

La loi belge du 22 mars 1886 déclare expressément que le droit de l'écrivain sur son œuvre comprend le droit exclusif d'en faire ou d'en autoriser la traduction. Il en est de même aux États-Unis. En Italie, au contraire, le droit exclusif ne subsiste que dix ans après la publication de l'œuvre originale. Enfin, la loi russe abandonne le droit de traduction au domaine public (1). Mais, à part cette exception, dans tous les pays, — et c'est là la conclusion de ce rapide examen, — au moins pendant un certain laps de temps, et dans certaines conditions, la traduction sans autorisation de l'auteur est considérée comme une contrefaçon de l'œuvre.

§ 10. Que dire maintenant de la *parodie* d'un ouvrage ? Une distinction s'impose. La parodie, en principe, est une des formes de la critique, et la critique est le plus légitime des droits littéraires. « Sans doute, dit M. Darras (2), la

(1) Dans un article paru dans le *Figaro*, le 25 avril 1896, M. E. Zola a démontré de la façon la plus claire l'immense tort qui résulte pour les auteurs et les éditeurs russes, — et cela sans aucun profit pour les auteurs étrangers, — du refus par le législateur, en Russie, de reconnaître à l'auteur le droit exclusif de traduction. Le public russe est abreuvé de traductions détestables d'œuvres parues à l'étranger : traductions faites hâtivement, par pure spéculation, et avec la seule préoccupation de produire à bon marché. Le résultat est que les littérateurs russes, bien que protégés en principe par leur loi nationale dans leur propriété littéraire, en arrivent, en raison de la concurrence étrangère, à ne plus trouver d'éditeurs pour leurs propres ouvrages.

(2) *Traité de la contrefaçon*, n° 1397.

parodie, plus que l'article de critique ordinaire, se modèle sur la pièce de théâtre dont elle prétend montrer les imperfections en amplifiant ou en transformant certains détails ; mais cette circonstance n'enlève pas à la parodie sa légitimité. Comment, le plus souvent, en effet, critiquer une œuvre de théâtre, sans adopter la même marche des événements et le même ordre des développements (1) ? Tout cela est très vrai, quand la parodie est une œuvre de critique véritable. Mais si l'imitateur a déguisé sous le nom de parodie une réduction servile de l'œuvre originale, son acte, dommageable pour l'auteur, devient de la reproduction illicite et tombe sous le coup de l'article 425 (2).

§ 11. L'article 5 de la loi allemande prévoit, *in fine*, deux cas de contrefaçon sur lesquels l'article 425 ne s'est pas expliqué, et qu'il va être intéressant d'examiner :

« La contrefaçon consiste encore :

..... *c*) Dans la réimpression, faite par l'auteur ou par l'éditeur, contrairement au traité qui existe entre eux ;

d) Dans le tirage par l'éditeur d'un plus grand nombre d'exemplaires que son traité ne le lui permet. »

§ 12. Pour la *réimpression* contrairement au traité qui lie l'auteur et l'éditeur, tout le monde est d'accord. Chez nous aussi, elle constitue une contrefaçon. D'une part, en effet, elle est une reproduction. D'autre part, dès qu'il sort des limites du traité, l'éditeur devient, à l'égard de l'auteur, un tiers. La réimpression constitue donc une reproduction par un tiers non autorisé, en violation du

____

(1) *Sic* : Pouillet, *Propriété littéraire*, n° 545 ; Rendu et Delorme, n° 811 ; Le Senne, *Code du Théâtre*, p. 235 ; Constant, *Code du Théâtre*, p. 182 ; Tribunal de la Seine, 12 juin 1879, Duval, *Annales propr. ind.*, 79, 239.

(2) Pouillet, *Propriété littéraire*, n° 542, n. 2 ; Trib. corr. Seine, 20 mars 1877, Paul Dalloz, *Annales propr. ind.*, 77, 212.

droit de reproduction de l'écrivain, c'est-à-dire une contre-façon (1).

§ 13. Quant au *tirage frauduleux*, il paraît difficile, dans notre législation, en l'absence d'un texte spécial, de le considérer comme une contrefaçon. Il y a bien une repro-duction illicite, qui peut donner lieu à des dommages-intérêts, en vertu de l'article 1382 du Code civil, qui par-fois peut-être semble constituer un faux en écriture de commerce ; mais nous ne trouvons pas là la violation du droit de reproduction de l'auteur, l'éditeur cotitulaire du droit ne pouvant violer son propre droit ; et, par consé-quent, l'acte, quelque malhonnête qu'il soit, ne se soumet plus à la définition que nous avons donnée de la contre-façon (2).

§ 14. Le fait matériel de *la reproduction faite en viola-tion du droit de reproduction de l'auteur* : tel est le pre-mier élément du délit de contrefaçon littéraire. La con-damnation est-elle subordonnée à la preuve de l'existence d'un préjudice ? voilà la question qui vient se poser immé-diatement.

Ce qu'il importe, avant tout, de ne pas oublier, c'est que la poursuite en contrefaçon est une poursuite *pénale* : nous y trouvons donc deux parties demanderesses ; le mi-nistère public, représentant les intérêts de la Société, et l'écrivain lésé, représentant ses propres intérêts.

Pour la partie civile, pas de difficulté. Ses conclusions,

(1) V.Cass., 28 flor. an XII, Bossange (S. et P. chr.) ; — Cour de just. crim. Rouen, 12 niv. an XIII, sous Cass., 6 flor. an XIII (S. et P. chr.).

(2) *Sic*: Darras, *Traité de la contrefaçon*, n° 1306 ; Morin, *Rép. de dr. crim.*, v° *Contrefaçon*, n° 22. — Paris, 18 octobre 1843, Bourdin, S. 44.2.13, P. 44.1.875 ; Cass., 11 février 1893, Letouzey, Amé et Picquoin (S. et P. 94.1.105).

bien qu'intervenant dans une instance correctionnelle, tendent à une réparation *civile*. Or, il est bien certain qu'elle ne peut obtenir cette réparation qu'en établissant, conformément à tous les principes du droit civil, l'existence d'un dommage né et actuel, moral ou pécuniaire (1).

Quant au ministère public, sa situation est bien différente. Il est là pour faire respecter la loi, et il n'a pas à se soucier de l'intérêt de la partie civile. Ce qu'il a à poursuivre, c'est un délit contre la propriété : or le délit existera, bien évidemment, encore que l'acte illicite n'ait pas causé à l'auteur de préjudice *actuel*. Il suffira que le préjudice soit *éventuel*. C'est le principe qu'on applique à toute infraction consistant en une violation d'un droit privatif : la simple éventualité d'un préjudice suffit.

La Cour de Paris s'est prononcée en ce sens, dans une espèce célèbre : arrêt du 30 janvier 1865 (2).

§ 15. Enfin, le troisième élément du délit de contrefaçon sera l'existence, chez le reproducteur, *de l'intention frauduleuse*. La question a été longtemps controversée : la jurisprudence l'a aujourd'hui énergiquement tranchée dans le sens de l'affirmative.

A vrai dire, il semblerait, *à priori*, que la question n'eût

---

(1) Paris, 19 mars 1875, Reynal et autres, S. 75.2.97, P. 75.446 et la note de M. Lyon-Caen.

(2) « Faire dépendre, concluait M. l'avocat général de Vallée, un droit de propriété qui est ou qui n'est pas d'une question de préjudice, c'est asservir la propriété à un fait très variable, et dès lors en méconnaître le caractère... Je suis le maître de ma chose, et on ne peut me la prendre sans mon consentement » (Scribe G. Bagier ; Paris, 30 janvier 1865).

Sic : Pouillet, *Propr. litt.*, 471 ; Gastambide, n° 39 ; Calmels, n° 487 ; Allart, n° 434 ; Darras, *Marq. de fabr.*, n° 183 ; Philipon, n° 157 ; Pataille, *Ann. prop. ind.*, 67.183 ; Renouard, *Droits d'auteur*, t. 2, p. 22. — Cass., 3 juillet 1812, Dentu (S. et P.chr.) ; — Paris, 1er décembre 1885, Huc (*Ann. prop. ind.*, 57.243).

même pas dû être soulevée. Le principe, en effet, qui domine tout le droit pénal est, qu'en dehors des contraventions de simple police, l'infraction n'existe que si elle est *intentionnelle*. Là est la règle. A cette règle, le législateur a apporté des exceptions. Dans certains cas, la dérogation s'imposait, et le législateur n'avait pas à l'ordonner explicitement : par exemple, pour les infractions aux lois fiscales, aux lois sur l'inhumation, etc. : espèces dans lesquelles on ne concevrait pas que la question d'intention vînt se poser. Dans d'autres cas, le législateur a expressément stipulé qu'il serait dérogé à la règle : exemple le cas de l'article 319 « quiconque aura commis *involontairement* un homicide ... », ou encore (et celui-ci nous touche de plus près), le cas de la loi du 5 juillet 1844 sur les Brevets d'invention. — Mais partout où le législateur a gardé le silence, il faut appliquer la règle : *Exceptio est strictissimæ interpretationis* ; c'est dire que l'article 425 rentre dans la règle.

Et cependant une raison de douter est née du rapprochement entre la législation en matière d'inventions brevetées et la législation en matière d'œuvres littéraires. En matière d'inventions brevetées, la contrefaçon existe indépendamment de toute intention frauduleuse. Cela est hors de doute. Alors, en effet, que l'article 41 de la loi du 5 juillet 1844 s'exprime ainsi : « ceux qui auront *sciemment* recélé ... », l'article 40 déclare que « toute atteinte portée aux droits du breveté, soit par la fabrication de produits, soit par l'emploi de moyens faisant l'objet de son brevet, constitue le délit de contrefaçon ». L'omission, dans l'article 40, par le législateur, du mot « sciemment » qu'il va insérer immédiatement après dans l'article 41, est

assez significative pour qu'il soit inutile d'insister (1).
Pourquoi donc l'existence de l'intention frauduleuse, qui
n'est pas exigée pour la répression de la contrefaçon d'inventions brevetées, le serait-elle pour la répression de la
contrefaçon d'œuvres littéraires?

Nous avons répondu par avance à une telle objection.
L'article 40 de la loi de 1844 sort de la règle parce que le
législateur l'en a fait *expressément* sortir. Quant à l'article 425 du Code pénal, il est soumis aux principes généraux, puisque le législateur n'a pas manifesté sa volonté
de le ranger parmi les exceptions. Et les principes veulent
qu'il n'y ait pas de délit *sans intention frauduleuse*. La
bonne foi, donc, du prévenu le met à l'abri de toute condamnation (2).

§ 16. Mais cet élément nouveau du délit de contrefaçon
littéraire, — la mauvaise foi, — à qui incombera le soin
d'en apporter la preuve? Et même faudra-t-il la prouver?
La jurisprudence répond : non. *On la présumera.* De telle

(1) D'ailleurs, les rapporteurs, MM. Cunin-Gridaine et de Barthélemy, ont
donné clairement la pensée du législateur. « Le fabricant, disaient-ils, dans
l'exposé des motifs, est réputé ne pouvoir être de bonne foi, parce qu'il
existe un dépôt général où le fabricant peut et doit rechercher les inventions brevetées. Il est donc toujours coupable au moins de négligence,
lorsqu'il a fabriqué des objets brevetés au profit d'un autre. »

(2) *Sic* : Pouillet, *Propriété littéraire*, n° 475 ; Blanc, p. 196 ; Darras,
Droit d'auteur de Berne, 1891, p. 41 ; Rendu et Delorme, n° 806 ; Calmels,
n° 493; *Ann. dr. comm.*, 91.1.42 ; Pelletier et Defert, n° 596 ; Paris, 26 février 1825, Cartelier, S. et P. chr. ; Cass., 15 juin 1844, Guérin et Didier
P. 44.2.482 ; Paris, 24 mai 1855, Thoisnier-Desplaces, S. 55.1.392, P. 55.2.
271 ; Paris, 12 juillet 1861, De Gouet, *Ann. propr. ind.*, 61.359 ; Paris,
13 janvier 1866, Plon et Millaud, S. 66.1.267, P. 66.666, D. 66.1.235 ; Paris,
21 novembre 1867, Dussacq, *Ann. propr. ind.*, 67.359 ; Nancy, 11 décembre
1890, Lebeau, Choudens et autres, D. 91.2.375 ; Rennes, 5 janvier 1892, Oudin, *Ann. propr. ind.*, 92.191 ; Besançon, 6 juillet 1892, Maquet et consorts,
Gazette des Tribunaux, 22 juillet ; Paris, 23 juin 1893, Maquet et consorts,
Ann. propr. ind., 93.229 ; Trib. corr. Seine, 12 janvier 1893, *Fr. jud.*, 93.2.
159 ; Seine, 16 mai 1893, *Gazette des Tribunaux*, 17 mai.

sorte que, sur ce point, l'auteur lésé n'aura rien à établir :
ce sera au prévenu, excipant de sa bonne foi, à établir cette
bonne foi.

On sent, dès lors, en quoi diffèrent l'*onus probandi* du plaignant, en matière de contrefaçon d'inventions brevetées,
et l'*onus probandi* de l'écrivain dont l'œuvre a été contrefaite. Au prévenu qui, pour se défendre contre l'article 40
de la loi de 1844, exciperait de sa bonne foi, on répondra :
« Inutile de parler de bonne foi ; votre bonne foi ne serait
pas un obstacle à votre condamnation » (1). A celui qui
sera poursuivi en vertu de l'article 425, on dira au contraire : « Vous excipez de votre bonne foi. Prouvez-la.
Jusqu'au moment où vous aurez fait cette preuve, nous
vous *présumerons* de mauvaise foi. Le fait matériel de la
contrefaçon élève par lui-même contre son auteur une présomption de mauvaise foi » (2).

Et, il ne faut pas le dissimuler, la preuve de sa bonne
foi sera singulièrement malaisée à administrer, pour le
prévenu. L'ignorance de la loi ne sera pas acceptée comme
une excuse suffisante. Une « négligence », une « indiffé-
rence fâcheuse pour le respect des droits d'auteur » (3),
seront considérées comme exclusives de bonne foi. De

(1) Il ne faudrait pas, toutefois, prendre cette disposition au pied de la
lettre. Certainement, si le prévenu base sa bonne foi sur cette circonstance
qu'il prétendra avoir ignoré l'existence du brevet, ou ignoré la loi, on lui
répondra : « Vous avez péché par imprudence », et on lui appliquera l'article 40. Mais il y a d'autres cas possibles de bonne foi. M. Huard cite celui,
qui n'a rien d'invraisemblable, d'un fabricant qui aurait cru être autorisé
par le breveté à se servir de l'invention. Dans cette espèce, sans aucun
doute, les tribunaux acquitteront.

(2) Nancy, 11 décembre 1890, Christophe, D. P. 91.2.375 ; Douai, 13 mai
1891, Bertagna, D. P. 92.2.182 ; Rennes, 5 janvier 1892, Oudin, *Ann. propr.*
ind., 92.191.

(3) Rennes, 2 février 1892, Mulot, D. P. 93.2.268.

telle sorte qu'en définitive la situation du défendeur sera
à peu près la même en face de la loi de 1844, et en face de
l'article 425. Dans le premier cas, la preuve de sa bonne
foi lui sera *inutile*; dans le second cas, elle lui sera, pratiquement, *presque impossible* : c'est dire que rarement il
échappera à l'action du propriétaire lésé. Et, tout compte
fait, la tâche du demandeur sera aussi simple en matière
de contrefaçon littéraire qu'en matière de contrefaçon d'inventions brevetées.

§ 17. En résumé, trois éléments devront se trouver réunis
pour constituer le délit de contrefaçon littéraire :

1° L'existence matérielle de l'édition *en violation du
droit de reproduction de l'auteur* ;

2° L'existence d'un préjudice *au moins éventuel* ;

3° L'existence d'une *intention frauduleuse*.

En ce qui concerne les deux premiers de ces éléments,
la preuve sera à la charge du demandeur, partie civile ou
ministère public. Quant à la mauvaise foi, on la présumera ;
et ce sera au défendeur, excipant de sa bonne foi, à en administrer la preuve.

§ 18. Et maintenant, quelle est la nature du délit de l'article 425 ? On a appelé souvent la contrefaçon : vol littéraire. C'est une erreur. Le législateur l'a rangée dans le
chapitre II du titre II du livre III de son Code pénal, celui
où il traite des « crimes et délits contre les propriétés », et
notamment du vol, de l'escroquerie, et de l'abus de confiance. Mais il l'a classée dans une section spéciale, qu'il a
intitulée « violation des règlements relatifs aux manufactures, au commerce et aux arts ». La vérité est que la contrefaçon est un délit spécial, *sui generis*, qui n'est ni un
vol, ni une escroquerie, ni un abus de confiance.

Et pourtant, dire que la contrefaçon est une simple
« violation de règlements » est un excès d'indulgence qu'on
est en droit de reprocher au législateur, parce qu'il l'a
amené à des solutions d'une faiblesse inquiétante en ce
qui concerne la peine à appliquer. Ce que le législateur
aurait dû proclamer, c'est que la contrefaçon est une véritable *usurpation de propriété*. Elle n'est pas un vol ; car
le reproducteur n'opère pas de soustraction frauduleuse
de la chose d'autrui, *contrectatio rei fraudulosa*. Elle n'est
pas une escroquerie ; car le contrefacteur n'use pas de
manœuvres frauduleuses. S'il fallait tenter un rapprochement, c'est avec l'abus de confiance qu'on réussirait à l'é-
tablir. Entre l'auteur et le public, il est intervenu un contrat de dépôt, contrat à terme qui doit embrasser la durée
de la vie de l'écrivain, plus une période de cinquante ans.
Si un étranger s'empare de l'œuvre dont il est ainsi
codépositaire, et, l'exploitant contre le gré de l'auteur, la
détourne à son profit, il commettra une faute analogue à
celle de l'article 408. La conclusion de ce rapprochement
sera que, plus tard, lorsque nous chercherons à étendre les
peines insuffisantes prononcées par l'article 425, nous proposerons au législateur d'adopter celles de l'article 408,
ou plutôt de l'article 406 de son Code pénal.

CHAPITRE II

DE L'AUTEUR DU DÉLIT DE CONTREFAÇON.

Ce qu'il importe, avant tout, de remarquer, c'est que le coupable de contrefaçon n'est pas l'ouvrier dont la main produit l'objet prétendûment contrefait, mais celui qui le commande, qui fournit les éléments, les indications nécessaires à sa construction et qui fait fabriquer et exécuter sous sa surveillance (1). Ce principe, vrai pour la contrefaçon en général, s'applique plus que jamais à la contrefaçon des œuvres littéraires. « Toute *édition* d'écrits... », dit l'article 425. Or, il est bien certain que l'ouvrier *n'édite* pas, et que la *mise au jour* est le fait de celui qui commande cet ouvrier.

Ceci posé, quelles personnes peuvent être poursuivies comme contrefacteurs ?

Il faut répondre : Tout le monde, *et même l'auteur du livre*.

Le cas de l'action dirigée contre l'auteur du livre paraît, tout d'abord, bizarre : il n'en est pas moins fréquent. Pour le concevoir, il faut supposer que l'écrivain cède la propriété sans réserve de son œuvre, ou la propriété d'un certain nombre d'éditions de cette œuvre ; puis, qu'au mépris du contrat de cession, il publie par la suite une nouvelle édition. Sera-t-il contrefacteur ?

(1) *Sic* : Pouillet, *Brev. d'inv.*, n° 657 ; Blanc, *Inv. brev.*, p. 612 ; Pelletier et Defert, n° 7 ; Dufourmantelle, *Brev. d'inv.*, p. 136 ; Malapert et Forni, n°⁵ 875 et s. ; Allart, n° 449 ; — Paris, 12 mars 1884, Moinet et Tellier, *Ann. prop. ind.*, 85,140. — L'ouvrier pourrait être poursuivi comme *complice* s'il connaissait la fraude.

On a essayé de soutenir la négative, et d'une façon fort
ingénieuse. La contrefaçon, a-t-on dit, c'est l'usurpation
de la pensée d'*autrui* : on ne peut donc pas être le plagiaire
de sa propre pensée, pas plus qu'on ne peut appréhender
son propre corps. Ce qu'on cède à l'éditeur, c'est l'usufruit. Quant à la pensée, elle est inaliénable. — Où a-t-on
pris que ce soit un simple usufruit qu'on cède à l'éditeur ?
La pensée est inaliénable, c'est vrai. Mais il ne faut pas confondre la pensée et les droits résultant de la pensée. L'auteur a cédé à l'éditeur non pas sa pensée, mais le droit de
reproduction industrielle de cette pensée ; et, du jour de
cette cession, il est devenu un tiers quant à l'œuvre aliénée. Au surplus l'article 40 du décret du 3 février 1810
déclare expressément que le cessionnaire d'une œuvre littéraire est substitué aux lieu et place des auteurs. Si donc
l'auteur réimprime, en violation du contrat, il sera poursuivi comme le serait un tiers, et passible des peines de
l'article 425.

Une des espèces les plus illustres, en la matière, s'est
jugée en 1834 entre Alexandre Dumas et le libraire Barba.
Dumas avait vendu à M. Barba deux de ses pièces, *Chris-
tine* et *Henri III*. Peu de temps après, il publiait, chez
Charpentier, l'édition complète de ses œuvres, comprenant
notamment les deux pièces cédées à M. Barba. Plainte et
poursuite de celui-ci. Condamnation de l'écrivain à 5 fr.
d'amende, et 1.200 francs de dommages-intérêts. Appel.
La Cour, « Considérant que la vente faite par un auteur
sans aucune réserve de la propriété d'un ouvrage littéraire
est une aliénation complète qui ne permet pas à l'auteur
de disposer à nouveau de la même propriété, soit isolément, soit en la réunissant à d'autres ouvrages sous quel-

que titre que ce soit ; Considérant qu'il n'existe dans la cause aucune circonstance atténuante ; — Adoptant au surplus les motifs des premiers juges, sauf les circonstances atténuantes ; — Statuant à l'égard de Dumas, met l'appellation à néant ; émendant, condamne Dumas en 100 francs d'amende ; le condamne à payer à Barba 3.000 francs à titre de dommages-intérêts. »

Parmi d'autres espèces célèbres, voir l'affaire du *Mémorial de Ste-Hélène* (Las-Cases c. Bourdin, Cour de Paris, 18 octobre 1843, S. 44.2.13). Plus récemment, l'affaire de *Satan et Cie* (Letouzey c. Rosen, Cass., 19 décembre 1893, D. P. 95.1.404). Le rapporteur, à la Cour suprême, de cette dernière affaire, M. le conseiller Lepelletier, concluait judicieusement : « L'auteur contrefacteur viole tout à la fois et la loi et le contrat qui le lie personnellement et plus étroitement. Il y a une circonstance aggravante : l'étranger, lui, ne viole que la loi (1). »

CHAPITRE III

DES ŒUVRES QUE PROTÈGENT LES LOIS SUR
LA PROPRIÉTÉ LITTÉRAIRE.

§ 1. « Toute *édition d'écrits*..... ou de toute autre *production*, imprimée en entier ou en partie, au mépris des lois, dit l'article 425, est une contrefaçon. » C'est donc

------

(1) *Sic* : Pouillet, *Propr. litt.*, n° 486 et s. ; Gastambide, n° 109, p. 135 ; Blanc, p. 156. — Paris, 12 juillet 1862, Vermot, *Ann. propr. ind.*, 62.314 ; Paris, 15 décembre 1894, Roy (*Gaz. des Trib.*, 31 janvier 1895).

l'*écrit*, et, plus généralement, la *production* de l'esprit, que la loi protège. Que faut-il entendre par ces deux mots ?

§ 2. La première difficulté se présente à propos des *manuscrits*. Voici une œuvre que l'auteur vient de terminer ; elle est à l'état de manuscrit, non encore publiée par conséquent, inédite. Un tiers se trouve, par une circonstance quelconque, possesseur légitime, si on le veut, de ce manuscrit. Il le publie sans le consentement de l'auteur. Commet-il une contrefaçon ? En Allemagne, la question ne se discuterait pas : l'article 5 de la loi du 11 juin 1870 est formel : « La contrefaçon consiste encore dans l'impression, faite sans le consentement de l'auteur, d'un manuscrit, c'est-à-dire d'un ouvrage non encore publié. » En France l'article 425 est plus ambigu : car si, d'une part, il dit « toute édition d'écrits », d'autre part, il ajoute « ou de toute autre production ». Or, a-t-on essayé de soutenir, production suppose mise au jour, révélation au public, publication. La jurisprudence est unanime aujourd'hui à rejeter cette façon de voir. Production, c'est toute œuvre produite par l'intelligence, qu'elle soit éditée, mise au jour ou non ; la loi ne dit pas *publication*, mais *production*. D'ailleurs, l'article 1er de la loi de 1793 dit : « les auteurs *d'écrits* en tout genre... » Enfin, remarque M. Pouillet (1), en parlant des écrits, la loi n'a pas voulu assurer sa protection à *l'écriture, aux caractères qui la composent* ; c'est, sinon la pensée, du moins la forme dans laquelle la pensée est rendue, qu'elle garantit à l'auteur : elle rend hommage à l'effort de l'esprit.

(1) *Propriété littéraire*, n° 54, p. 67.

La reproduction d'un manuscrit inédit, *ou d'une partie essentielle du manuscrit*, est donc une contrefaçon, et une contrefaçon d'autant plus grave qu'elle s'attaque à un droit encore entier, et non pas, comme en cas de réédition, à un droit déjà entamé par une édition précédente (1).

§ 3. Plus délicate va être la question de la reproduction des *discours*. Cette reproduction tombe-t-elle sous le coup de l'article 425 ? La majorité des auteurs et la jurisprudence répondent aujourd'hui : oui (2). La raison de douter vient : 1° des termes de la loi de 1793 qui, en matière littéraire, ne protège que l'auteur *d'écrits* (3) ; 2° de ce que l'exercice de l'action en contrefaçon est subordonné, comme nous le verrons, à l'accomplissement de la formalité du dépôt. Le dépôt ne se concevant pas pour le discours non encore imprimé, la contrefaçon n'en pourrait exister. — En regard du texte de 1793, répondons-nous, il faut placer celui de l'article 425 : « toute édition d'écrits ou de *toute autre production* ». *Toute autre production* vise précisément le cas de la production orale : sans quoi, ces trois mots seraient inutiles. Quant à l'argument tiré de l'absence de dépôt, nous le réfuterons par cette simple remarque que le dépôt n'est nécessaire *que si les circonstances le rendent possible* : ainsi le décide la jurispru-

---

(1) *Sic* : Darras, *Droit d'auteur* (de Berne), 1891, p. 139 ; Niort, 17 février 1891, héritiers d'Autichamp, *Gaz. des Trib.*, 26 mars 1891 ; Paris, 18 février 1836, Fréd. Lemaître, D., J. G., v° *Prop. litt.*, n° 315, n. 1 ; Trib. Seine, 21 mars 1877, héritiers de Montalembert, *Gaz. des Trib.*, 22 mars 1877.

(2) *Sic* : Renouard, *Droits d'auteur*, t. 2, n° 66 ; Blanc, p. 280 et s. ; Gastambide, n° 21 ; Pouillet, *Propriété littéraire*, n° 54, p. 67 ; Lyon, 17 juillet 1845, Lacordaire c. Marle, D. P. 45.2.128.

(3) Art. 1er. « Les auteurs *d'écrits* en tout genre, les compositeurs de musique, les peintres ou dessinateurs qui feront graver des tableaux ou dessins, jouiront, leur vie entière, du droit exclusif..... »

dence (1). Et ce n'est pas le cas ici. D'ailleurs, nous l'avons fait observer en parlant des manuscrits, ce que la loi protège, ce n'est pas l'écriture, mais la pensée ou du moins la forme dans laquelle la pensée est rendue. « Qu'importe donc, dit M. Pouillet, que la composition, due au talent de l'auteur, soit écrite ou parlée ?... » (2). Nous ne saurions mieux faire, à l'appui de notre démonstration, que de reproduire les termes du jugement de Lyon dans l'affaire Lacordaire (10 juin 1845, D. P. 45.2.128). « Attendu qu'il est conforme à la pensée, et même aux termes des lois qui ont organisé la propriété littéraire, d'étendre leur garantie à toutes les productions de l'esprit ; que cette pensée, qui ressortait déjà de l'ensemble des dispositions de la loi du 19 juillet 1793, notamment de son article 7 combiné avec l'article 1er, est mise plus clairement encore en relief dans l'article 425 du Code pénal qui incrimine comme contrefaçon l'édition non autorisée par l'auteur, non seulement des écrits, mais de toute production ; — Qu'il importe donc peu que le travail intellectuel ait revêtu telle forme plutôt que telle autre, qu'il se soit manifesté par la parole ou par l'écriture ; qu'il importe encore moins qu'un discours ait été écrit ou non avant d'être prononcé ; qu'il serait déraisonnable de fonder des distinctions dans les droits de propriété de l'auteur, sur des procédés particuliers d'élaboration, et sur des différences pratiques dans le travail préparatoire ; — Qu'on ne comprendrait pas que, quand l'opuscule le plus léger, l'écrit le plus futile est protégé par la loi, on eût laissé sans

---

(1) Paris, 27 août 1828 ; Paris, 18 juin 1840, D., J. G., v° *Prop. litt.*, n° 129 ; Lyon, 17 juillet 1845, aff. Lacordaire c. Marle, D. P. 45.2.128.

(2) *Propriété littéraire*, n° 54, p. 67.

protection des productions oratoires qui peuvent être, comme celles de l'abbé Lacordaire, le fruit de longues études et de profondes méditations sur les sujets les plus élevés ; — Attendu que, d'après les termes mêmes de l'article 8 de la loi du 19 juillet 1793, l'obligation du dépôt préalable n'est imposée qu'aux auteurs d'ouvrages imprimés ou gravés ; qu'ainsi le texte de la loi, d'accord avec la nature même des choses, indique que la propriété d'un discours, comme celle d'un manuscrit, se conserve indépendamment de tout dépôt... »

§ 4. La publication non autorisée de discours est donc punie des peines de la contrefaçon. Il en est de même des *cours des professeurs* (1). Ici, aux deux arguments proposés en matière de discours, et que nous venons de réfuter, on en a ajouté un troisième. Le professeur, a-t-on dit, est salarié : donc il doit à ses auditeurs la propriété de ses cours. — Entendons-nous : si le professeur avait une dette, ce serait envers celui qui le paie ; et celui qui le paie, ce n'est pas l'auditeur ; c'est l'État, par exemple, s'il s'agit d'un professeur de Faculté. L'État seul, à accepter le rai-

---

(1) *Sic* : Pouillet, *Propriété littéraire*, n° 58, p. 73 ; Blanc, p. 46 ; Gastambide, p. 76 ; Rendu et Delorme, n° 749 ; Acollas, p. 26 ; Darras, *Droit des auteurs*, n. 81.

Paris, 30 juin 1836, héritiers Cuvier c. Madeleine de Saint-Agy et Crochard, D., J. G., v° *Propr. litt.*, n° 129, n. 1. « Attendu que les leçons qu'un professeur fait en public, et qui sont le fruit de longs travaux et de pénibles et studieuses recherches, constituent bien évidemment une œuvre de l'intelligence ; — Que le salaire qu'il reçoit de l'État ne peut pas donner à ses auditeurs le droit de les reproduire par la voie de la presse pour les vendre ensuite à leur profit ; — Qu'en effet, ce salaire ne doit être considéré que comme la juste rémunération de l'obligation qu'il a contractée de faire un cours, et du temps qu'il est obligé d'y consacrer ; — ...Que le dépôt n'est exigé que pour les ouvrages imprimés ou gravés... »

Seine, 2 mars 1841, Andrel c. Latour, D., J. G., v° *Prop. litt.*, n° 129, n. 2 ; Seine, 9 décembre 1893, Esmein c. Bourdon-Viane, D. P. 1894.2. 262.

sonnement des adversaires, aurait donc le droit d'éditer le
cours fait par *son* professeur. Mais l'État lui-même peut-
il se prévaloir d'une telle dette ? Certes non : ce que le professeur lui doit, c'est sa science, son expérience, son dé-
vouement : mais non le produit matériel de cette science.
« De même, dit très bien M. Pouillet, le droit de lire un
livre imprimé et même de l'apprendre par cœur dérive du
seul fait de son achat et de sa possession : et cependant,
du droit de lecture et d'étude on ne peut tirer celui d'imprimer le livre sans le consentement de l'auteur et de le
vendre à son détriment » (1).

La loi allemande a adopté la même solution (art. 5,
L. 11 juin 1870). La loi anglaise, au contraire, s'est rangée
à l'opinion adverse.

§ 5. Les *textes de lois*, les *règlements*, les *décisions judiciaires*, les *discours prononcés dans l'enceinte des Chambres* (2) tombent dans le domaine public dès qu'ils ont vu
le jour. Pas de difficulté. Ces œuvres, destinées à tous, ne
se conçoivent pas susceptibles d'appropriation individuelle.

§ 6. Pour les *articles de journaux*, il y a eu de longues

---

(1) *Propriété littéraire*, n° 58, p. 73.

(2) Cependant, il serait interdit de réunir en un volume tous les discours
publiés par un orateur, et de les livrer ainsi en corps à la publicité : tel
est l'avis de MM. Pardessus, Gastambide et Blanc. « Il suffit, en effet,
qu'il soit permis de reproduire isolément les discours prononcés dans les
Chambres, pour que la politique et l'histoire puissent se servir des opinions
émises à la tribune, afin d'éclairer la discussion et établir l'exactitude des
faits. Il n'est pas nécessaire, pour atteindre ce double but, de pouvoir reproduire en entier le livre qui comprend tous les discours d'un orateur,
et là où manque l'intérêt public, l'intérêt de l'auteur doit dominer » (D., J.
G., v° *Propr. litt.*, n° 125).

M. Renouard, toutefois, soutient l'opinion contraire, aujourd'hui définitivement abandonnée.

controverses. L'article, a-t-on prétendu, est la synthèse
d'une série d'idées, de nouvelles, d'informations, qui sont
la richesse commune, qui tiennent au domaine public.
Venant de ce fonds commun, il y reste, dès qu'il est né. —
Rien n'est plus faux qu'une telle doctrine. Sans doute, les
annonces, les *informations*, les dépêches d'agences, appartiennent à tous. Mais l'article de fond, la chronique, le
« Premier Paris », ne donnent-ils pas lieu à un travail in-
dividuel? La loi de 1793 suffisait à établir l'affirmative :
la Convention internationale de Berne du 9 septembre
1886 l'a confirmée (art. 7). Tout récemment encore, la
Cour de Paris a eu à examiner la question, et elle l'a tranchée dans notre sens. Le journal l'*Éclair* avait imaginé
de condenser dans son édition de chaque jour la substance
des articles intéressants des autres journaux parisiens.
Pour cela, on imprimait le journal à minuit, en en laissant la deuxième page blanche. De bon matin, un employé
passait dans les gares prendre les journaux qui venaient
de paraître. Le secrétaire de la rédaction en découpait immédiatement les morceaux à sensation. Et, une heure plus
tard, l'*Éclair* était publié à son tour, arborant en
deuxième page les « copies » les plus attrayantes de ses
confrères, sans distinction d'opinion. C'était un procédé
habile pour centraliser toutes les clientèles de la presse
parisienne. Mais les confrères protestèrent; et le *XIXe Siècle* assigna l'*Éclair* devant le Tribunal de commerce (1).
« Considérant, dit le jugement, que, si les articles
étaient toujours publiés avec la désignation de la feuille
à laquelle ils avaient été empruntés, ils n'étaient point la

____

(1) Le *XIXe siècle* avait le choix entre la juridiction correctionnelle et la
juridiction consulaire : nous le verrons plus loin.

reproduction pure et simple de nouvelles ou dépêches concernant des faits dont le *XIX*ᵉ *Siècle* divulguait le premier l'existence et dont la présentation avait lieu, d'ailleurs, sous une forme et avec des réflexions ou aperçus essentiellement personnels, mais aussi d'articles de plus grande étendue, accusant une empreinte encore plus manifestement originale et individuelle, sur des sujets d'actualité, de politique, de littérature, de science ou d'art..... Condamne l'*Éclair* en 2.000 francs de dommages-intérêts ». (Arrêt confirmatif du 16 nov. 1893, D. P. 94. 2. 17, et la note.)

§ 7. Les *compilations*, même faites avec des ouvrages qui appartiennent au domaine public, peuvent être l'objet d'une propriété privée : à la condition, dit un jugement qui a fait jurisprudence, qu'elles dénotent une conception de l'esprit, un labeur véritable, en un mot une création (1).

§ 8. Une question délicate s'est posée à propos des *lettres missives*. Un point incontesté, tout d'abord, c'est que la lettre est la propriété de celui qui l'a reçue, et non de celui qui l'a envoyée. Mais la propriété du destinataire est-elle sans limites, et lui donne-t-elle le droit de livrer la correspondance au public, sans le consentement de l'auteur ? Nous pensons que non. « L'envoi d'une lettre, disait M. de Vatimesnil devant la Commission de 1825, n'est pas une transmission de propriété pure et simple, absolue, in-

---

(1) Jugement du Tribunal de Colmar, 30 janvier 1858, confirmé par arrêt du 17 août 1858, Garnier c. Vadet et Dambach, D. P. 59.2.13. — Dans le même sens, Cassation, 2 décembre 1814, D., J. G., vᵒ *Propr. litt.*, nᵒ 88 ; Toulouse, 2 juillet 1857, D. P. 57.2.205. — *Sic* : Merlin, *Rép.*, vᵒ *Contrefaçon*, nᵒ 11 ; Renouard, *Des Dr. d'auteur*, t. 2, p. 97 ; Gastambide, nᵒ 8 ; Calmels, p. 83 ; Blanc, p. 72 ; Rendu, p. 739 ; Dalloz, *loc. cit.*, nᵒ 88.

définie. C'est, au contraire, une transmission restreinte et conditionnelle. Celui qui a reçu une lettre a dû garder les pensées qu'elle contenait pour lui seul... » Et M. Royer-Collard ajoutait : « Celui qui a pensé a seul droit à la publication de sa pensée. A l'auteur seul appartient de manifester sa volonté sur la publication. Qu'on pense par une lettre ou autrement, le droit de publication est donc, en quelque sorte, une propriété *nominative*, et la restriction de propriété s'aggrave encore de ce fait qu'elle ne comporte pas de cession. » — Quel sera, dès lors, le cas du destinataire qui violera le contrat de transmission et publiera ce qui lui était personnel? Qu'il soit passible de dommages-intérêts, sous le coup d'une action civile, cela ne fait aucun doute (art. 1382). Mais faudra-t-il aller plus loin, et le poursuivre comme contrefacteur ? Nous pensons que oui. Sa situation sera, en effet, de tous points semblable à celle du dépositaire d'un manuscrit qui, faisant acte de propriétaire, publierait le manuscrit à l'insu de l'auteur. Mais, dira-t-on, le destinataire est plus qu'un dépositaire! Plus qu'un dépositaire, c'est vrai; mais moins qu'un propriétaire : un propriétaire *nominatif*, nous l'avons dit. Et, s'il se conduit en propriétaire pur et simple, il outrepasse ses droits et tombe sous le coup de l'article 425 (1).

---

(1) Renouard, *Droits d'auteur*, t. 2, nᵒ 169. — Paris, 10 décembre 1850, Aff. Collet, D. P. 51.2.1.

CHAPITRE IV

DU MOMENT OU LE DÉLIT DE CONTREFAÇON EST CONSOMMÉ.

A quel instant précis commence la contrefaçon ? Un fait acquis par tous les auteurs est que la *tentative* de contrefaçon n'est pas punissable. La tentative de délit, — à la différence de la tentative de crime, — ne tombe en effet sous le coup de la loi pénale que lorsqu'un texte précis en a explicitement décidé ainsi : exemples, en matière de vol, de détournement d'objets saisis, etc. Or, l'article 425 est muet sur le compte de la tentative : nous sommes donc dans la règle. — Au reste, conçoit-on beaucoup la contrefaçon à l'état de tentative ? Elle est ou n'est pas : la reproduction existe ou n'existe pas (1).

Nous avons remarqué déjà que la contrefaçon peut s'exercer par deux procédés différents : par la reproduction manuscrite, ou par l'impression.

Si la contrefaçon s'exerce par manuscrit, pas de difficulté. Nous avons seulement observé que le délit n'existait que si le manuscrit avait été établi dans un but de reproduction commerciale (2).

Si, au contraire, la contrefaçon s'exerce par le procédé mécanique de l'impression, plusieurs questions viennent se

(1) *Sic* : *Propriété littéraire*, de Pouillet, n° 505 ; Brun, n° 25 ; Dufourmantelle, *Marques de fabrique*, p. 49 ; Maunoury, n° 72 ; Malapert et Forni, n° 884 ; Rendu, n° 147 ; Lyon-Caen, note sous Paris, 19 mars 1875 ; S. 75.2.98 ; Philipon, n° 165. — Paris, 2 juin 1876, Casciani et Nau, *Ann. propr. ind.*, 76.175 ; Paris, 20 juin 1883, Rolland, *Ann. propr. ind.*, 84. 179.

(2) Il a été jugé, par exemple, que la location des manuscrits contrefacteurs tombe sous le coup de l'article 426. D. de Folleville, *De la propriété littéraire*, p. 13.

poser. La saisie des ouvrages contrefaisants peut se faire, et la procédure de contrefaçon commencer par conséquent, à trois moments différents :

1° Les ouvrages ont été *publiés*, mis en vente.

2° *L'impression des ouvrages est terminée* ; mais, ils sont encore chez l'éditeur, et n'ont pas été mis en vente.

3° Les ouvrages sont seulement *composés en caractères d'imprimerie*.

Dans le premier cas, aucun doute. Le délit est consommé. Mais, dans les deux autres cas, faut-il dire qu'il y a seulement tentative, et que l'article 425 ne s'applique pas ?

Pour résoudre la difficulté, il suffit de lire attentivement l'article 425. « Toute édition.... *imprimée* », dit l'article. La loi ne dit pas : *publiée*. L'article s'applique donc, indiscutablement, aussi dans le second cas (1).

L'examen du texte nous fournira encore la réponse à la troisième question. Le texte dit : *imprimée*. Si, donc, l'ouvrage est seulement composé en caractères d'imprimerie, il n'y aura pas délit, mais simple tentative. Quelques auteurs ont essayé de soutenir le contraire. La Cour de Paris

____

(1) Crim. rej., 2 juillet 1807, Clémendot c. Giguet et Michaud, D., J. G., vº *Prop. litt.*, nº 366, n. 3. « L'action de l'impression d'un ouvrage appartenant à autrui, soutenait-on, dans le pourvoi, n'est point par elle-même un délit. C'est une action indifférente à l'ordre public, et si la loi la défend pendant un certain délai, c'est uniquement dans l'intérêt de l'auteur. Or cet intérêt ne reçoit atteinte qu'autant que la contrefaçon, et que l'édition contrefaite est émise; jusque-là, l'auteur de la réimpression n'aura diminué ni le débit de l'édition originale, ni par conséquent le profit de l'auteur ou de ses cessionnaires. — C'est ainsi que, pendant la durée du privilège réservé aux héritiers de l'auteur, on pourrait imprimer un ouvrage, et pourvu qu'on ne l'exposât en vente que le lendemain de l'expiration du délai, le nouvel éditeur ne pourrait être saisi et condamné comme contrefacteur. La Cour : « Il n'y a pas simple tentative dans le fait dont s'agit, mais contrefaçon réelle ». Rejette.

leur a répondu, en donnant de sa solution une excellente explication. « Attendu, déclare-t-elle (1), que Fuzier-Herman a formé contre Sirey une demande tendant à faire déclarer contrefaits, tant le premier fascicule paru des Codes annotés, que les fascicules qui pourraient se trouver *en préparation* chez les éditeurs. — Attendu que l'action de Fuzier-Hermann n'est point recevable en ce qui concerne les fascicules non parus des Codes annotés ; que la contrefaçon littéraire consistant dans le fait de s'être indûment approprié tout ou partie de l'œuvre sur laquelle un tiers a une propriété privative, *ce fait ne peut être établi que par une comparaison qui rend indispensable la production de l'écrit argué de contrefaçon.* » M. Pouillet est en ce sens (2).

En résumé, nous dirons qu'il n'y a que tentative, si l'ouvrage reproducteur est simplement *en préparation*. Si, au contraire, il est *imprimé*, il y a délit consommé et punissable, sans qu'on ait à considérer si l'ouvrage a été ou n'a pas été mis en vente.

CHAPITRE V

DE LA COMPLICITÉ.

§ 1. Une bonne législation pénale ne peut pas se borner

---

(1) Paris, 5 août 1884, Fuzier-Hermann c. Sirey, Marchal et Billard, D. P. 93.2.177 et la note.

(2) Pouillet, *Traité de la propriété littéraire*, nᵒˢ 523 et 524 ; *De la contrefaçon en tout genre*, 4ᵉ éd., p. 169 ; Chauveau et Hélie, *Théorie du Code pénal*, édition Villey, t. 6, nᵒ 2474.

à punir l'auteur même de l'infraction. A côté de celui-ci se place une catégorie de personnes, — les complices, — qui parfois jouent des rôles de comparses ; parfois aussi des rôles plus importants que le coupable principal. On a dit que, sans complices, il n'y aurait pas de criminels : aussi le législateur a-t-il frappé les complices à l'égal des auteurs principaux (1).

§ 2. En matière de contrefaçon d'œuvres littéraires, une difficulté s'est présentée. On s'est demandé s'il fallait appliquer là les règles ordinaires de la complicité. L'embarras venait de ce que l'article 426, disait-on, avait énuméré des cas de complicité soumis à l'action de la loi pénale. On en concluait que si le législateur avait pris la peine, — qu'il n'a pas prise ailleurs, — de prévoir dans l'article 426 les cas punissables de complicité, il l'avait fait avec intention ; et que, cette énumération devant être interprétée restrictivement, comme il convient en matière pénale, nulle place ne restait dans les prévisions du législateur pour les cas généraux de complicité définis par les articles 59, 60, 61 et 62. — Aux cas de l'article 426, le décret du 28 mars 1852 aurait seulement ajouté l'*exportation* d'ouvrages contrefaisants (2).

En raisonnant ainsi, on commettrait une erreur profonde.

---

(1) Art. 59, 60, 61, 62 du Code pénal.

(2) Décret des 28-31 mars 1852, *sur la contrefaçon d'ouvrages étrangers*.

Art. 1. La contrefaçon, sur le territoire français, d'ouvrages publiés à l'étranger et mentionnés à l'article 425 C. pén. constitue un délit.

2. Il en est de même du débit, de l'exportation et de l'expédition des ouvrages contrefaisants. L'exportation et l'expédition de ces ouvrages sont un délit de la même espèce que l'introduction, sur le territoire français, d'ouvrages qui, après avoir été imprimés en France, ont été contrefaits chez l'étranger.

L'article 426 du Code pénal, pas plus que l'article 2 du
décret de 1852, ne vise pas des cas de *complicité* : il punit
des délits principaux, que nous allons étudier plus loin,
des délits assimilés à la contrefaçon. Que dit l'article 426 ?
« Le débit d'ouvrages contrefaits, l'introduction sur le territoire français d'ouvrages... contrefaits chez l'étranger,
sont un *délit de la même espèce.* » Et l'article 2 du décret
de 1852 ? « L'exportation et l'expédition de ces ouvrages...
sont un *délit de la même espèce.* » Délits de la même espèce
que celui de l'article 425, et non pas complicité de ce délit.
Il ne faut donc pas dire que l'énumération des cas de complicité est contenue dans l'article 2 du décret de 1852 : ces
deux articles visent, non des cas de complicité, mais des
délits principaux assimilés au délit de contrefaçon.

§ 3. Donc les règles ordinaires de la complicité s'appliquent à toutes les actions en contrefaçon d'œuvres littéraires (1). Ces règles se résument en deux définitions, celles
de l'article 60, § 3, et celles de l'article 62 :

Art. 60, § 3. Ceux qui auront, avec connaissance, *aidé*
ou *assisté* l'auteur ou les auteurs de l'action, dans les faits
qui l'auront préparée ou facilitée, ou dans ceux qui l'auront
consommée...

Art. 62. Ceux qui sciemment auront recélé des choses
obtenues à l'aide d'un délit.....

..... seront punis comme complices.

Les complices de la contrefaçon d'œuvres littéraires seront

____

(1) Il n'en serait pas de même en matière de brevets d'invention. Les
articles 40 et 41 de la loi de 1844 se suffisent à eux-mêmes, et régissent la
matière, à l'exclusion des articles du Code pénal (Cass., 26 juill. 1850,
Gibus, D. P. 51.5.54 ; 21 nov. 1851, Duchêne, D. P. 51.5.55). Pour toutes
les autres contrefaçons, la complicité est réglée, comme en matière littéraire, par le Code pénal.

donc ceux qui l'auront facilitée par *aide* ou *assistance*, ou qui en auront sciemment *recélé* les produits.

§ 4. Les personnes qui peuvent se rendre complices par aide ou assistance sont :

L'ouvrier,

L'imprimeur,

L'éditeur,

L'acheteur.

En principe, *l'ouvrier* de l'imprimeur ne doit pas être compris dans les poursuites : car il est présumé avoir ignoré qu'il contrefaisait une œuvre dont l'imprimeur n'avait pas la disposition (1). Nous avons vu en effet que la mauvaise foi est un élément constitutif du délit de l'article 425 : s'il est logique de la présumer, comme on le fait, pour l'auteur principal qui a pu rarement ignorer la propriété de l'auteur, ou qui en tout cas a été coupable en ne se renseignant pas, il serait injuste de la présumer chez l'ouvrier, qui n'est qu'un instrument entre les mains de son maître, et dont le rôle est d'obéir, les yeux fermés, à l'imprimeur. Dans certains cas, cependant, le demandeur pourra établir que l'ouvrier a connu la fraude, et dans ce cas il le fera englober dans la condamnation prononcée contre l'imprimeur, son maître (2).

L'*imprimeur* sera complice, lorsqu'il fera *sciemment* servir son imprimerie à l'accomplissement du délit de contrefaçon. C'est l'aide et l'assistance de l'article 59. Par suite, il encourra la loi pénale (3). Dans quels cas pourra-

(1) Paris, 6 avril 1850, Clesinger c. Gauvin, D. P. 62.2.159.

(2) *Sic*: Dijon, 15 avril 1847, D. P. 48.2.178; Seine, 28 janvier 1877, Fourmy, *Ann. propr. ind.*, 77.74; Seine, 10 janvier 1889 (*Gaz. du Pal.*, 89.1.251). — Voir Darras, *Traité de la contrefaçon*, titre III, chap. II, n° 963, p. 63.

(3) Nîmes, 25 février 1864, Michel-Lévy (*Ann. propr. ind.*, 64.387).

t-on dire qu'il a agi *sciemment* ? Si l'imprimeur, par exemple, a pu connaître que l'ouvrage publié sous le nom du contrefacteur n'était pas son œuvre. Ou bien, lorsque l'ouvrage étant publié sous le nom de l'auteur véritable, l'imprimeur a pu savoir que celui-ci n'avait conféré au contrefacteur aucun droit pour le faire imprimer et publier. Ou bien encore lorsque le manuscrit donné à l'imprimeur renfermera comme partie principale la citation textuelle d'une partie assez étendue d'un autre ouvrage sur le même sujet, avec indication que cette partie est empruntée : dans ce dernier cas, en effet, l'imprimeur a connaissance de l'emprunt : il a pu demander à l'auteur, pour le compte duquel il imprime, la preuve de l'autorisation de publier ainsi partie de l'ouvrage qui ne lui appartient pas (1).

L'éditeur, dans les mêmes conditions, s'exposera à être condamné comme complice (2).

Enfin, l'*acheteur* lui-même commettra une infraction répréhensible, s'il achète l'ouvrage contrefait, avec connaissance de la fraude à laquelle cet ouvrage doit le jour. Il faudrait cependant que l'achat eût une certaine importance, qu'il eût pour objet un certain nombre d'exemplaires de l'ouvrage, qu'il fût fait dans un but commercial. On conçoit bien que l'acquisition d'un exemplaire isolé, pour l'usage personnel de l'acquéreur, ne constitue pas l'acte frauduleux défini par la loi : il n'y a là ni l'intention, ni le préjudice, que nous avons relevés comme éléments constitutifs du délit de l'article 425 (3).

§ 5. Pour se rendre complice par recel, il faut détenir

(1) Calmels, *Propriété et contrefaçon*, p. 622.
(2) D. P. 72.2.173, *Robinson des Neiges*, et la note.
(3) *Sic* : Pouillet, *Prop. litt.*, n° 618 ; *Dess. de fabr.*, n° 134 ; Waelbrœck, n° 102 ; Renouard, *Droits d'auteur*, t. 2, p. 398.

chez soi des exemplaires d'un ouvrage contrefait, *avec connaissance de la contrefaçon*. Pas de difficulté. Il est bien certain que la possession de bonne foi d'un objet contrefait de la part d'un particulier qui en fait usage pour ses besoins personnels, et non un usage commercial, ne saurait constituer, ni le délit de contrefaçon, ni la complicité de contrefaçon (1).

§ 6. Nous avons raisonné, jusqu'ici, avec l'hypothèse d'une poursuite pénale. Nous verrons plus loin que l'auteur lésé a le choix entre l'action civile et l'action correctionnelle. S'il choisissait l'action civile, il pourrait faire condamner toutes les personnes que nous venons de désigner sous le nom de complices, solidairement, en des dommages-intérêts, avec l'auteur principal : non plus cette fois, en qualité de *complices*, puisque nous sommes en matière civile, mais comme auteurs du délit de l'article 1382.

§ 7. De même, pour les infractions que nous rencontrerons plus loin, et qui sont assimilées à la contrefaçon (2), les règles que nous venons d'établir seront encore applicables. Ainsi, par exemple, celui qui s'associera à un libraire pour l'introduction en France d'ouvrages contrefaisants imprimés à l'étranger s'exposera aux mêmes peines que le libraire lui-même (3). De même encore, le destinataire d'un ouvrage contrefait sera complice du débitant lorsqu'il connaîtra lui-même la contrefaçon, et aura acheté les exemplaires dans un but commercial (4).

---

(1) Douai, 5 août 1852, Jérosme, D. P. 54.2.72.

(2) Ces infractions sont : Le débit ou la mise en vente d'ouvrages contrefaisants ; l'introduction en France d'ouvrages contrefaisants ; l'exportation d'ouvrages contrefaisants ; la représentation illicite d'œuvres dramatiques.

(3) Paris, 20 février 1835, Granger et Roret (*Gaz. des Trib.*, 21 février).

(4) Amiens, 28 novembre 1835 (cité par Gastambide, p. 126).

§ 8. Les peines de la complicité sont, aux termes de l'article 59, les mêmes que celles du délit principal, c'est-à-dire l'amende de cent à deux mille francs, et la confiscation (article 427). Et, ici encore, nous trouvons une confirmation de la remarque que nous avons faite au sujet de la différence entre la complicité et les délits de l'article 426, de l'article 428, de l'article 2 du décret de 1852 : si ces derniers délits étaient des délits de complicité, ils seraient punis des mêmes peines que la contrefaçon elle-même. Or l'article 427, l'article 428 et le décret de 1852, les punissent de peines moindres. C'est donc qu'il faut les considérer comme délits principaux.

§ 9. Et, de cette constatation, nous allons tirer une conséquence importante : c'est que *les délits assimilés existent par eux-mêmes, et ne sont pas subordonnés, comme les cas de complicité, à l'existence d'un délit principal.* Montrons par un exemple l'intérêt de cette observation. L'action en contrefaçon se prescrit par trois années, qui courent du jour où le délit est perpétré, c'est-à-dire généralement du premier jour de la mise en vente. Si le délit de débit était un cas de complicité, et rien de plus, il se prescrirait en même temps que le délit principal. Mais il est lui-même, nous l'avons établi, un délit principal ; et, dès lors, il a sa prescription particulière. Nous verrons que cette prescription est beaucoup plus lente que celle du délit de contrefaçon, puisque chaque fait de vente renouvelle le point de départ du délai. De telle sorte que souvent l'auteur lésé, qui aura laissé prescrire son action en vertu de l'article 425, pourra se dédommager en poursuivant par l'action de l'article 426, restée entière. Il n'aurait pas eu ce droit, si on avait considéré le débit comme une simple complicité.

TROISIÈME PARTIE

DES DÉLITS ASSIMILÉS A LA CONTREFAÇON DES ŒUVRES LITTÉRAIRES.

———

La première pensée de l'écrivain dont on a violé le droit de reproduction est de poursuivre l'auteur direct de la contrefaçon et ses complices. Aussi avons-nous commencé par régler le sort de cette catégorie de personnes : nous l'avons fait à l'aide des articles 425, 427, 59 et 60 du Code pénal (1). Mais, derrière ces prévenus de premier plan, la loi en a placé d'autres que le plaignant peut avoir intérêt à mettre en cause avec les premiers, ou à poursuivre à défaut des premiers. C'est de ces personnages de second plan que nous allons nous occuper maintenant.

———

CHAPITRE PREMIER

DU DÉBIT D'OUVRAGES CONTREFAISANTS.

§1. L'auteur de la contrefaçon n'en écoule généralement pas lui-même les produits. Il charge des libraires de les

(1) Il nous restera, dans les trois dernières parties de cette étude, à nous occuper de la procédure de l'action en contrefaçon, et de la peine dont est frappé ce délit. Comme la plupart des observations que nous ferons là s'appliquent aux délits assimilés, nous avons renvoyé cette étude après celle des éléments constitutifs des délits assimilés eux-mêmes.

débiter ; et, suivant que ceux-ci s'acquitteront de leur mission avec plus ou moins de zèle et d'habileté, la diffusion des ouvrages contrefaisants sera plus ou moins grande, et le préjudice souffert par l'auteur véritable plus ou moins considérable. Il ne suffisait donc pas de donner à celui-ci une action contre le contrefacteur lui-même, le législateur devait songer à lui fournir des armes contre le débitant. D'où l'article 426. L'intérêt de l'auteur à poursuivre le débitant pouvait se manifester en bien des circonstances. Tout d'abord, les dommages-intérêts une fois acquis par la condamnation du contrefacteur peuvent être insuffisants : ils ne visent que le préjudice passé ; mais le préjudice à venir ? Le préjudice que l'auteur souffrira à chaque nouvel acte de vente, à chaque diffusion nouvelle de l'ouvrage contrefaisant ? La poursuite de l'article 426 pourra seule le réparer. En outre, le contrefacteur est souvent un pseudo-littérateur sans talent, ni ressources, contre l'insolvabilité de qui la condamnation (qui est purement pécuniaire) n'aura aucune prise : l'auteur, en ce cas, aura avantage à poursuivre le libraire contre qui il pourra exécuter son jugement. Enfin, nous l'avons déjà montré, de nombreux cas se présenteront où l'action de l'article 426 survivra à celle de l'article 425, éteinte par la prescription.

Cet article 426 se compose de deux parties. La première vise le débit d'ouvrages contrefaisants ; la seconde a trait à l'introduction en France d'ouvrages contrefaisants, que nous étudierons dans le chapitre suivant.

« Le *débit* d'ouvrages contrefaits..... est un délit de la même espèce que celui de l'article 425 » : tels sont les termes de notre article 426. Remarquons tout de suite qu'il s'exprime d'une façon incorrecte, en parlant d'ouvrages *contrefaits* : c'est « contrefaisants » qu'il faudrait dire.

« Un délit de la même espèce », dit l'article 426. Donc autre chose qu'une contrefaçon, ou qu'une complicité de contrefaçon ; mais un délit assimilable à la contrefaçon.

§ 2. Et maintenant, qu'est-ce que le *débit* ?

Le *débit* consiste en toute diffusion dans le public d'une œuvre contrefaisante par un mode quelconque de nature à léser les intérêts du propriétaire.

§ 3. Le mode le plus fréquent de diffusion, c'est la *vente*. La vente constitue le débit frauduleux, *si elle est faite dans un but commercial*. L'acte du libraire, qui se procurerait un exemplaire d'une édition contrefaisante, uniquement à la demande d'un client, et pour obliger celui-ci,ne constituerait pas un *débit*, mais un acte de vente isolée, et ne tomberait pas sous l'application de l'article 426 (1).

§ 4. Que penser maintenant de l'*exposition en vente* des objets contrefaisants ? Constitue-t-elle un débit ? Le Tribunal de la Seine, et la Cour de Paris en ont décidé ainsi (2). Il est vrai qu'un arrêt de Cassation du 2 décembre 1808 (3) avait jugé qu'un libraire ne peut être reconnu coupable du délit de débit d'édition contrefaisante, par cela seul qu'il l'a annoncée dans le catalogue de son fonds de librairie. Mais autre chose est trouver l'annonce de l'ouvrage dans le catalogue, et autre chose trouver l'ouvrage lui-même dans la boutique du marchand (4).

(1) Cass., 2 décembre 1808, Guillaume (S. et P. chr.) ; *Sic* : Pouillet, *Propr. litt.*, n° 592.

(2) Trib. Seine, 5 janvier 1850, D. P. 50.3.12 et 15 ; Paris, 6 avril 1850, D. P. 52.2.159, aff. Clésinger c. Gauvin et autres.

(3) Crim. rej., 2 décembre 1808, Bernardin de St-Pierre c. Stapleaux, D., J. G., v° *Propr. litt.*, n° 373, n. 3.

(4) *Sic* : Toulouse, 3 juillet 1835, Hacquart, S. 36.2.39 ; Toulouse, 17 juil-

§ 5. Enfin, on s'est demandé, — et l'espèce est plus délicate, — s'il y avait *débit* délictueux dans le fait, par le
tenancier d'un cabinet de lecture, de louer à ses clients un
exemplaire d'un ouvrage contrefaisant? Disons tout de
suite que les tribunaux penchent, — et avec raison, —
pour l'affirmative. En effet, dans une espèce analogue, la
Cour de Paris et la Cour de cassation ont estimé que l'acte
du directeur de théâtre qui loue une partition qu'on lui
avait confiée pour son usage personnel doit être frappé des
peines de l'article 426 (1). C'est en effet ici « la diffusion dans
le public par un moyen susceptible de léser les intérêts
de l'auteur ». De la même nature est l'acte du tenancier
de cabinet de lecture. M. Pic (*Code des imprimeurs*) fait,
il est vrai, observer ingénieusement que les personnes qui
tiennent des cabinets littéraires *prêtent* leurs livres et ne
les *débitent* pas ; qu'en conséquence, — pour s'en tenir,
comme il sied en matière pénale, aux termes stricts de la
loi, — leur acte n'est pas prévu par l'article 426. M. Renouard lui répond « qu'on fait aussi réellement profit commercial d'un livre par le louage que par la vente : louer,
c'est, tout en retenant la propriété de l'exemplaire, faire
débit de son usage.... » (2).

§ 6. Le Code pénal frappe, nous le verrons, le débit
d'ouvrages contrefaisants de peines un peu moindres que
celles qui punissent la contrefaçon : nous nous deman-
derons, lorsque nous traiterons de « la peine », si cette
répression est suffisante.

<hr>

let 1835, Maire-Nyon, S. 36.2.41 ; Paris, 15 mars 1882, Sicard. Pataille,
84.359.

(1) Paris, 13 mai 1887 ; Cass. rej., 28 janvier 1888, aff. Bathlot. Pataille,
87.311 et 90.82.

(2) Renouard, t. 2, n° 25. Dans le même sens, Pouillet, *Traité de la propriété littéraire*, n° 602 ; Le Senne, n° 40 ; Rendu et Delorme, n° 822.

CHAPITRE II

DE L'INTRODUCTION EN FRANCE D'OUVRAGES CONTREFAISANTS.

La deuxième partie de l'article 426 est ainsi conçue :
« .... L'introduction sur le territoire français d'ouvrages
qui, après avoir été imprimés en France, ont été contrefaits chez l'étranger, est un délit de la même espèce. »
Voilà donc un nouveau délit assimilé à la contrefaçon :
*l'introduction en France d'ouvrages contrefaisants impri-
més à l'étranger.*

On remarquera que nous avons rectifié la dénomination du délit telle qu'elle est donnée par l'article 426 :

1° Dans l'état actuel de notre législation, six mots doivent être supprimés, comme inexacts, de l'article 426 : ce
sont les mots « après avoir été imprimés en France ». En
effet, le décret des 28-30 mars 1852 a assimilé de tous
points la contrefaçon, le débit, et l'introduction des ouvrages imprimés primitivement à l'étranger, à la contrefaçon, au débit et à l'introduction des ouvrages contrefaisants d'origine française.

Art. 1er. — *La contrefaçon sur le territoire français
d'ouvrages publiés à l'étranger et mentionnés en l'article 425 du Code pénal, constitue un délit.*

Art. 2. — *Il en est de même du débit, de l'exportation
et de l'expédition des ouvrages contrefaisants. L'exportation et l'expédition de ces ouvrages sont un délit de la
même espèce que l'introduction, sur le territoire français,
d'ouvrages qui, après avoir été imprimés en France, ont
été contrefaits chez l'étranger.*

2° Le texte de l'article 426 emploie l'expression « introduction d'ouvrages *contrefaits* » dont nous avons déjà signalé l'incorrection.

Il faut donc rétablir de la façon suivante la rédaction de l'article 426 : « Le débit d'ouvrages contrefaisants, l'introduction sur le territoire français d'ouvrages contrefaisants imprimés à l'étranger, sont des délits de la même espèce (1). »

Et maintenant, quelle est l'utilité de la création de ce nouveau délit : l'introduction d'ouvrages contrefaisants imprimés à l'étranger ?

Lorsque la contrefaçon est commise en France, l'auteur lésé n'a qu'à poursuivre le contrefacteur : pas de difficulté. Mais si la contrefaçon a été commise à l'étranger ? Sous le régime du Code d'instruction criminelle, même modifié par la loi de 1866 (2), l'auteur peut bien, si le contrefacteur est un Français et si la contrefaçon est punie d'après la loi du pays où elle a été commise, exercer des poursuites en France. Mais, dans les autres cas, il n'a la ressource que de poursuivre à l'étranger : et encore cette ressource n'existe-t-elle que depuis la conclusion des traités internationaux que nous avons passés avec la plupart des États étrangers. Poursuivre à l'étranger ! L'auteur a éprouvé combien déjà sont onéreux les procès qu'on engage dans son pays : aussi hésitera-t-il à risquer les frais d'une procédure à l'étranger, devant des juridictions dont

(1) Le délit existerait *à fortiori* si les ouvrages contrefaisants avaient été imprimés en France. L'auteur pourra, en certains cas, avoir intérêt à poursuivre alors celui qui introduit, ou plutôt qui réintroduit en France : par exemple s'il a laissé prescrire son action contre le contrefacteur ou le débitant, ou si ceux-ci sont insolvables.

(2) Art. 5 Code Instr. crim., modif. par. L. 27 juin 1866.

il se défie ou qu'il connaît mal. De sorte que les contrefaçons commises hors de France resteront le plus souvent impunies. Le législateur a voulu donner un dédommagement à l'auteur malheureux. La contrefaçon à l'étranger est généralement suivie de très près *de l'entrée en France des livres contrefaisants*. C'est cette introduction, par qui qu'elle soit commise, que l'article 426 *in fine* va punir : en poursuivant l'introducteur, l'auteur lésé se dédommagera de n'avoir pu atteindre, pratiquement, le contrefacteur.

Ce n'est donc plus seulement le contrefacteur que la loi punit ici : c'est l'introducteur, nous l'avons dit, *quel qu'il soit*, — pourvu cependant qu'il soit de mauvaise foi, — de l'œuvre usurpée. Souvent cet introducteur sera le contrefacteur lui-même.

Ici se présente une question intéressante. Supposons un livre reproduit à l'étranger avec le consentement de l'auteur. En même temps que l'auteur cède à l'éditeur étranger le droit de reproduction à l'étranger, il cède à un éditeur français le droit exclusif de publier l'ouvrage en France. L'ouvrage, après avoir été reproduit à l'étranger, est introduit en France, en violation du droit privatif du cessionnaire français. Faudra-t-il appliquer l'article 426 ?

La difficulté naît des termes mêmes de cet article « l'introduction d'ouvrages *contrefaits* à l'étranger ». Il faut, dit-on, qu'il y ait *contrefaçon* à l'étranger. Or, ce n'est pas le cas, puisque la reproduction y était autorisée. L'article 426 ne s'applique donc pas. M. Pouillet s'élève contre une pareille interprétation. « La loi, dit-il, dans l'article 426, a statué *de eo quod plerumque fit*. Mais ce qu'elle a voulu avant tout, c'est protéger le droit exclusif de l'auteur ; or ce droit est atteint dans le cas d'introduction qui nous occupe (1). » Nous pensons comme M. Pouillet. Il n'y avait pas, dites-vous, *contrefaçon* à l'étranger, parce que la reproduction y était autorisée ? La reproduction y était autorisée, c'est vrai, mais à la condition expresse que les ouvrages reproduits ne quittassent pas le pays où on en avait autorisé la publication, pour venir en France troubler le droit privatif du cessionnaire français. Le droit du cessionnaire étranger était entier, tant qu'il se cantonnait entre les frontières de son pays : il s'éteignait au delà. La reproduction, licite tant que l'ouvrage reproduit circulait dans le pays déterminé par le contrat de cession, devenait illicite, c'est-à-dire contrefaçon, dès que l'ouvrage entrait en France. Qu'avons-nous appelé *contrefaçon* ? Violation du droit de reproduction de l'auteur. Il y a ici deux cessions distinctes de ce droit : l'une qui confère le droit de reproduction à l'étranger, l'autre qui confère le droit de reproduction en France. Si l'ouvrage, reproduit licitement à l'étranger, franchit les frontières françaises, le premier droit empiète sur le second, le viole, et l'acte devient contrefaçon. « L'ouvrage fabriqué à l'étranger, dit M. Darras, est à considérer comme y ayant été contrefait, du moment où, venant par la suite à être introduit en France, il porte atteinte à des droits privatifs (2). »

(1) *Traité de la propriété littéraire*, n° 604. Trib. civ. de Bruxelles, 18 juin 1890, Bræitkopf, *Gazette des Tribunaux*, 12 juillet 1890.

(2) *Traité de la contrefaçon*, n° 1461. — « Hors les lieux compris dans la cession, dit M. Thaller, l'éditeur est, quant au livre, un véritable tiers » (Thaller, *Annales de Droit commercial*, t. 2, 1888, p. 4). — M. Lyon-Caen émet l'opinion contraire : à moins d'une clause formelle en ce sens dans un instrument diplomatique, il n'admet pas l'extension du délit (*Revue de droit international*, 1884, p. 458).

Pour les mêmes raisons, il faudrait décider que l'introduction en France d'un ouvrage imprimé dans un pays qui ne reconnaît pas la propriété littéraire, tombe sous l'application de l'article 426, si cet ouvrage est la reproduction d'un ouvrage non échu au domaine public.

De même encore, l'ouvrage reproduit licitement dans un pays où le droit privatif de l'auteur dure moins longtemps qu'en France, ne pourrait être introduit dans notre pays si ce droit privatif y subsiste encore, sans provoquer l'application de l'article 426. Voici une espèce qui s'est produite en 1884. On connaît l'économie de la loi italienne sur les droits appartenant aux auteurs des œuvres de l'esprit (1). « L'exercice du droit de reproduction et de débit, dit l'article 9 de la loi du 25 juin 1865, appartient exclusivement à l'auteur durant sa vie. Si l'auteur cesse de vivre avant qu'il se soit écoulé quarante ans à partir de la publication de l'œuvre, le même droit exclusif continue à exister au profit de ses héritiers ou ayants cause jusqu'à l'accomplissement de ce terme. Cette première période écoulée, de l'une ou de l'autre des manières qui viennent d'être indiquées, il en commence une seconde de quarante années, durant laquelle l'œuvre peut être reproduite et débitée sans consentement spécial de celui auquel le droit d'auteur appartient, sous la condition de lui payer une redevance de 5 0/0 sur le prix fort qui doit être indiqué sur chaque exemplaire. » Or, en 1880, Ricordi, éditeur de musique à Milan, expédiait à Paris un certain nombre de partitions italiennes des opéras de *Lucia di Lammer-*

(1) M. Thaller fait remarquer que l'organisation de la loi italienne du 25 juin 1865 est peu appréciée des Italiens eux-mêmes (*Annales de Droit commercial*, t. 2, 1888, p. 4. V. Vidari, *Corso di diretto com.*, III, n° 1597, p. 425).

moor et *Lucrezia Borgia*. MM. Grus et Gérard, acquéreurs de ces deux œuvres musicales, firent saisir les partitions à la douane. Cette saisie devait-elle être maintenue ? « Non, disait Ricordi. L'auteur de l'œuvre est décédé et la première période de quarante ans depuis la publication est expirée en 1873 pour *Lucrezia Borgia*, en 1875, *pour Lucia di Lammermoor*. Nous sommes en 1880. D'après l'article 9 de la loi italienne du 25 juin 1865, à laquelle je suis soumis, toute personne peut reproduire ces œuvres à condition de payer une redevance de 5 0/0 aux cessionnaires du droit de l'auteur. J'ai payé cette redevance. MM. Grus et Gérard n'ont aucune action contre moi. » — MM. Grus et Gérard répondaient : « Nous plaidons en France. Nous sommes dans le délai où, au regard de la loi française, notre droit de jouissance dure encore. — Vous pouviez reproduire et débiter en Italie : mais, en introduisant en France, vous avez violé notre droit de reproduction. Vous avez donc commis une contrefaçon. » — Juridiquement, le tribunal devait donner raison aux plaignants. Cependant, le tribunal de la Seine, par jugement en date du 28 mars 1884 ; la Cour de Paris, par arrêt du 13 avril 1886 ; la Cour de cassation, par arrêt du 25 juillet 1887, rejetèrent leurs conclusions. Ces décisions ont été unanimement critiquées (1).

(1) Voir, sur cette espèce intéressante : P. 88.325 ; S. 88.1.17, et la note de M. Ch. Lyon-Caen, D. P. 88.1.5, le rapport de M. le conseiller Lepelletier, et la note de M. Sarrut ; Thaller, *Annales de Droit commercial*, 1888, p. 4 ; Darras, *Du droit des auteurs*, etc., n° 489.

Voici comment raisonnait la Cour de cassation. Ce qui est en question, disait-elle, c'est non pas l'existence en France du droit d'auteur au profit du cessionnaire, mais le point de savoir si les exemplaires pouvaient être saisis à la frontière comme contrefaisants, en vertu des dispositions pénales réprimant l'introduction d'ouvrages contrefaisants. Or, dit la Cour, le paiement de la redevance avait éteint tout droit en Italie, non sur les opé-

Nous avons supposé jusqu'ici que l'introduction en France des ouvrages contrefaisants était définitive. Que faudrait-il décider si elle n'était faite *qu'à titre de transit*? L'article 426 est formel. Il dit « l'introduction en France » et ne distingue pas si l'importation est définitive, ou si elle n'est faite qu'à titre de transit. Il faut donc, dans les deux cas, appliquer l'article. D'ailleurs la loi du 6 mai 1841 déclare marchandises prohibées, et, comme telles, exclues du transit, les livres imprimés à l'étranger en contrefaçon d'ouvrages français. « Que la loi française, dit M. Bozérian (1), ferme les oreilles lorsqu'un de ses nationaux vient se plaindre d'un délit commis à son préjudice, lorsque ce délit est commis à l'étranger, cela suffit ; mais qu'elle ferme les yeux lorsque le délinquant met le pied sur son territoire et qu'elle lui facilite les moyens d'aller commettre un délit que, plus tard, elle se déclarera impuissante à réprimer, en vérité, c'est trop ! » Sans compter qu'on ne peut jamais être assuré, quand la marchandise se présente,

ras, mais sur les exemplaires litigieux, et, dès lors, le droit avait cessé d'exister en France.

Le raisonnement de la Cour part de l'admission d'un principe faux. Elle pense que, pour apprécier si l'introduction en France est illicite, il faut se référer à la loi du lieu de publication, la loi italienne dans l'espèce. C'est à la loi française qu'il faut se référer : car c'est le droit d'auteur tel qu'il est réglementé par la loi française que le législateur a voulu protéger en punissant l'introduction. Autrement, les dispositions contre l'introduction resteraient vaines dans beaucoup de cas : exemple, le cas où l'ouvrage aurait été publié dans un pays où le droit d'auteur n'est pas reconnu.

« Qu'on n'objecte pas, dit M. Lyon-Caen (*note sous l'arrêt visé*), que le droit reconnu en France sur les œuvres étrangères est le droit consacré par la loi étrangère. Cela n'est vrai qu'au point de vue de la durée du droit, non de ses attributs. Le droit d'empêcher l'introduction d'exemplaires reproduits sans son consentement est un des attributs essentiels du droit d'auteur, d'après la loi française. »

(1) *Annales de la prop. ind.*, n° 172.

qu'elle ne s'écoulera point à l'intérieur, après le paiement des droits de douane (1).

* * *

CHAPITRE III

DE L'EXPORTATION D'OUVRAGES CONTREFAISANTS.

« Le décret de 1852, dit M. Pouillet (2), protégeant les auteurs, qui publient leurs ouvrages à l'étranger, contre la contrefaçon française, devait nécessairement prévoir le cas où les exemplaires contrefaits seraient destinés, non pas à être vendus, mais à être expédiés et exportés. L'exportation et l'expédition sont à la contrefaçon française ce que l'introduction en France est à la contrefaçon étrangère. Ce sont des délits de même nature ; le décret le dit expressément et les assimile d'une manière complète au point de vue de la répression. » On ne saurait, en meilleurs termes, résumer la pensée du législateur.

« L'exportation et l'expédition des ouvrages contrefaisants sont un délit de la même espèce que l'introduction.... » dit l'article 2 du décret de 1852.

En combinant cette disposition avec la loi du 7 mai 1881, on établit un système de protection, dont l'ensemble réunit, pour l'auteur, toutes les garanties possibles contre les risques de la contrefaçon française. La loi du 7 mai 1881 est relative à l'établissement du tarif général des douanes. Elle prohibe à la sortie (tableau B, n° 581) les contrefaçons en librairie. Supposons donc que la contrefaçon, en France,

____

(1) Paris, 8 mai 1863, Debain et autres, *Ann. propr. ind.*— *Sic* : Pouillet, *Propr. litt.*, n° 609 ; Rendu et Delorme, n° 820.
(2) Pouillet, *Propriété littéraire*, n° 851.

ait été faite si adroitement, avec tant de clandestinité, que l'auteur ne l'ait pas soupçonnée. Le contrefacteur a eu soin, par surcroît de précautions, de ne pas faire *débiter* la marchandise en France ; et il se hâte d'expédier à l'étranger les ouvrages contrefaisants. Si la loi de 1881, et le texte de 1852 relatif à l'exportation, n'existaient pas, l'auteur lésé n'aurait qu'une ressource, plaider à l'étranger, lorsqu'il apprendrait que les exemplaires contrefaisants y ont vu le jour. Nous avons montré déjà combien cette ressource pouvait lui paraître stérile. Les deux dispositions de 1881 et de 1852 vont lui éviter un tel embarras. La Douane va saisir les ouvrages contrefaisants, et avertir l'auteur d'une fraude qu'il ignorait ; l'auteur, prévenu, va assigner les exportateurs, devant le tribunal correctionnel, et leur faire appliquer les peines de l'article 426 ; des dommages-intérêts vont lui être alloués ; et les ouvrages, appréhendés par la Douane, vont être confisqués à son profit.

Poursuite contre le *contrefacteur* et ses complices, si la contrefaçon a lieu en France ; article 425 ;

Poursuite contre les *débitants* si le délit a lieu en France ; article 426 ;

Poursuite contre les *exportateurs* ; décret de 1852 ;

Poursuite contre les *introducteurs ou importateurs* d'ouvrages contrefaisants imprimés à l'étranger ; article 426 ;

Telles sont, en résumé, les armes accordées à l'écrivain dont les droits ont été usurpés. Et il faut avouer qu'à moins d'être dépourvu de la vigilance la plus élémentaire, l'écrivain trouvera toujours, dans ce système pénal si complet, le moyen sûr de faire respecter sa propriété contre les fraudes, quelque adroites qu'elles soient, des malfaiteurs littéraires du dedans ou du dehors.

CHAPITRE IV

DU DÉLIT DE REPRÉSENTATION ILLICITE.

Le moment est venu de nous arrêter sur le cas d'un genre d'ouvrages intellectuels d'une nature un peu plus complexe : les compositions dramatiques. L'effort de l'auteur dramatique va plus loin, en effet, que l'effort de l'écrivain ordinaire. En même temps qu'il *écrit* sa pièce pour la lecture, il la *construit* pour la représentation. Il ne travaille pas seulement pour nos esprits, mais aussi pour nos yeux et nos oreilles. Il est plus qu'un psychologue : un photographe de mœurs et de gestes. De là, chez lui, le souci d'un double droit : droit de *reproduction*, par l'écriture ; et droit de *représentation*, par la mise à la scène.

Du droit de reproduction, nous n'avons plus rien à dire. Il est protégé par le décret de 1793, par la loi de 1866, par les articles 425 et 426 du Code pénal, par le décret de 1852.

Il nous reste à nous occuper du droit de représentation. Avant 1791, l'auteur aliénait à un théâtre unique le monopole de la représentation de sa pièce : le théâtre lui versait une somme, toujours dérisoire, — et tout était fini (1). En 1790, Beaumarchais réunit une députation composée des auteurs, ses contemporains, — Ducis, Laharpe, Chamfort,

(1) En outre, toute pièce dont la recette descendait une fois seulement au-dessous d'un certain chiffre était qualifiée *ouvrage tombé dans les règles*, et devenait dès lors la propriété exclusive des comédiens, qui pouvaient la jouer de nouveau avec un grand succès et n'en devaient plus aucun compte à l'auteur. On vivait encore sous ce régime à l'époque du *Barbier de Séville*.

et d'autres de moindre importance, — et tous se présentè-
rent devant l'Assemblée Constituante, protestant contre le
monopole des comédiens, et réclamant pour les écrivains
de théâtre un droit de propriété exclusive de leurs œuvres.
L'Assemblée vota la loi du 13 janvier 1791 :

« Les héritiers ou cessionnaires des auteurs seront propriétaires de leurs ouvrages durant l'espace de cinq années
après la mort de l'auteur (art. 5). »

C'était très clair. Mais survint le décret des 19-24 juillet
1793 qui, fixant à dix ans après la mort la durée du droit
des héritiers *d'auteurs d'écrits*, resta muet sur le compte
du droit de représentation. La situation devenait embarrassante. Cinq ans après la mort de l'auteur, l'œuvre dramatique qui, en tant qu'*écrit*, restait dans le domaine privé,
tombait, quant à la *représentation*, dans le domaine public : le droit de publication était régi par le décret de 1793,
et le droit de représentation par la loi de 1791 ! La jurisprudence tendait, il est vrai, à faire rentrer le droit de représentation dans le cadre du décret de 1793, mais par des
raisonnements qui n'avaient rien de juridique (1). Aussi
fut-il opportun que la loi du 3 août 1844, celle du 8 avril
1854, et celle du 14 juillet 1866, vinssent assimiler le droit
de représentation au droit de publication. La vie de l'auteur,
cinquante années après sa mort : telles sont aujourd'hui
les limites qu'embrasse la jouissance du droit de représentation.

Et cependant le délit de l'entrepreneur de spectacles
« qui fait représenter sur son théâtre des ouvrages dramatiques au mépris des lois et règlements relatifs à la pro-

____

(1) V. notamment : Cass., 5 décembre 1843, D., J. G., v° *Propr. litt.*,
n. 77, en note.

priété des auteurs » n'est pas une *contrefaçon*. C'est un délit *assimilé à la contrefaçon*. La définition de la contrefaçon est, en effet, tout entière contenue dans l'article 425 : et c'est l'article 428 qui prévoit le cas d'usurpation du droit de représentation, sans employer le mot d'ouvrage *contrefaisant*. Mais, de ce que l'article 429 enveloppe dans une même disposition « les cas des quatre articles précédents », il faut conclure que le délit qui nous occupe doit être *assimilé* à la contrefaçon. Voilà donc un quatrième délit assimilé à la contrefaçon.

Pourquoi, dirons-nous, avoir imaginé ici un délit distinct ? N'y a-t-il pas dans la représentation illicite le même « abus de confiance intellectuel » que dans l'usurpation du droit de publication ? Si, évidemment. Et l'utilité ne se faisait guère sentir de faire de l'article 428 un cas différent de l'article 425. Rappelons-nous cependant qu'au moment où fut créé le Code pénal l'assimilation n'était pas établie entre le droit de publication et le droit de représentation.

Aujourd'hui, la distinction n'a plus de raison d'être : et nous réclamerons plus loin contre l'usurpateur de l'article 428, ainsi que contre le contrefacteur de l'article 425, les peines de l'abus de confiance ordinaire édictées par l'article 406.

En résumé, sous la législation actuelle, il est bien établi :

1° Que le *droit de reproduction* de l'auteur dramatique, — droit qui porte sur l'œuvre *destinée à être lue*, — se double d'un *droit de représentation*, — droit qui porte sur l'œuvre destinée à être *produite à la scène* ;

2° Que, tandis que la violation du droit de reproduction est réprimée par l'article 425, la violation du droit de représentation est réprimée par l'article 428 ;

3° Que ces deux droits, — droit de reproduction et droit de représentation, — sont indépendants l'un de l'autre ; et que, par exemple, *la cession de l'un n'entraîne pas la cession de l'autre* (1).

Et maintenant, à quoi se ramène le droit de représentation de l'auteur ? A s'opposer à ce que sa pièce ne soit jouée *en public* sans son consentement préalable. En public, disons-nous : car seule l'exécution publique est susceptible de porter atteinte au droit de l'auteur de tirer un profit pécuniaire de son œuvre : la représentation privée n'est, au contraire, que la mise en exercice du droit de profit intellectuel que le public a acquis sur l'œuvre par le seul fait de sa publication. — Le droit de l'auteur, de s'opposer à toute exécution autre que celle de l'entreprise à qui il a cédé son droit exclusif, est du reste absolu : c'est en vain qu'un tiers prétendrait échapper à sa poursuite, en lui offrant une rémunération raisonnable (2-3).

Mais voici une question plus embarrassante : *la lecture publique de pièces de vers ou de prose peut-elle être assimi-*

______

(1) Cass., 15 janv. 1867, Bagier c. Vve Scribe, D. P. 67.1.182 ; *Sic* : Renouard, *Droits d'auteur*, t. 2, nᵒˢ 267 et 268 ; Gastambide, *Contrefaçon*, nᵒ 194 ; Calmels, *Propr. et contrefaçon*, nᵒ 518 ; Rendu et Delorme, *Droit indust.*, nᵒ 818.

(2) Crim. cass., 11 mai 1860. Société des Compositeurs c. Fleury, D.P. 60.1.293 ; Toulouse, 17 novembre 1862, D. P. 63.2.128 ; Crim. cass., 9 août 1872, Soc. des compos. c. Linoff, D. P. 72.1.332.

(3) L'action de l'auteur embrasse d'ailleurs les traductions au même titre que l'œuvre originale. Req. cass., 15 janvier 1867, précité, D. P. 67.1.182. Mme Vve Scribe avait assigné en dommages-intérêts, M. Bagier, directeur du Théâtre italien de Paris, pour avoir fait représenter sans autorisation *la Somnambula, l'Elisire d'Amores, Un ballo in maschera,* traductions-imitations de la *Somnambule*, du *Philtre* et de *Gustave III*, œuvres de Scribe. Le Tribunal de la Seine avait débouté la demanderesse. Arrêt infirmatif de la Cour de Paris, confirmé par la Cour de cassation.

*lée à une représentation publique d'ouvrages dramatiques,
et ne peut-elle avoir lieu qu'avec le consentement des auteurs ?* Le cas a été discuté ; la question n'a malheureusement pas été tranchée, la Cour de Douai appelée à se prononcer ayant déclaré la demande non recevable en la
forme (1). M. Pouillet voudrait la résoudre par l'affirmative. La loi, dit-il, en punissant dans l'article 428 la représentation des ouvrages dramatiques, a statué *de eo quod
plerumque fit* : les raisons sont les mêmes de sévir contre
la lecture publique d'une œuvre quelconque (2). — Que
devient, avec un semblable raisonnement, ce principe
inscrit à la base de toute législation pénale : à savoir
que toute disposition répressive doit être interprétée
restrictivement ? Or l'article 428 ne parle que de « l'entrepreneur qui aura fait représenter sur son théâtre
des ouvrages dramatiques ». — On objecte qu'en matière
d'œuvres musicales, la Cour de cassation a étendu l'application des dispositions de l'article 428 à toutes les œuvres
sans distinction, qu'elles soient exécutées au théâtre ou
ailleurs (3). Reste à savoir si la Cour de cassation a fait
une saine application des principes, et n'a pas empiété sur

(1) Cour Douai, 11 juillet 1882, D. P. 83.2.153. Soc. des Aut. c. Ernst.
Mme Amélie Ernst avait donné à Lille des auditions publiques, dans lesquelles elle lisait des morceaux de V. Hugo, Musset, Gautier, Nadaud, etc.
La Société des Auteurs assigna devant le Tribunal correctionnel de Lille,
en vertu de la loi de 1791 et de l'article 428 du Code pénal. Mme Ernst,
avant toute défense au fond, opposa le défaut de qualité de la Société qui
a pour objet « la défense de ses membres vis-à-vis des entrepreneurs qui
exécutent les *œuvres musicales*... ». Or, il s'agissait dans le débat d'œuvres
déclamées sans musique. Le Tribunal et la Cour accueillirent cette fin de
non-recevoir.

(2) *Traité de la propriété littéraire,* n° 813.

(3) Crim. rej., 22 janv. 1869, D. P. 69.1.383 ; Req., 3 mars 1873, D. P.
73.1.253 ; Crim. cass., 28 janvier 1881, D. P. 81.1.329 ; Crim. cass., 21 juillet
1881, D. P. 81.1.391.

le domaine du législateur. D'ailleurs, M. Laboulaye remarque très justement que ce que le législateur a voulu empêcher, c'est la *reproduction matérielle* de l'œuvre littéraire ou artistique. « Pour un musicien, c'est à la fois la réimpression et l'exécution de sa musique ; pour un écrivain dramatique, c'est la réimpression et la représentation » (1). MM. Renouard (2), Gastambide (3) et Le Senne (4) avaient soutenu le même avis que M. Laboulaye ; et, dans l'affaire qui nous occupe, la demanderesse a produit des consultations de MM. Laroze, Liouville, Rousse, Sénard, Champetier de Ribes, Huard, Oscar Falateuf et Bozérian concluant énergiquement à la négative, — c'està-dire à la non-assimilation de la lecture publique de morceaux de littérature à la représentation publique d'ouvrages dramatiques.

La lecture publique ne doit donc pas être frappée des peines qui punissent la représentation illicite (5).

(1) *Lettre sur l'affaire Ernst.*
(2) *Droits d'auteur*, t. 2, n⁰ 26.
(3) *Traité des contrefaçons*, n⁰ˢ 207 et suiv.
(4) *Droits d'auteur*, n⁰ 48.
(5) V. dans le même sens, la note de M. Labbé, sous l'arrêt Ernst. Sirey, 83.2.49.

QUATRIÈME PARTIE

DE LA PORTÉE INTERNATIONALE DES LOIS FRANÇAISES RELATIVES A LA CONTREFAÇON LITTÉRAIRE.

Nous avons supposé jusqu'ici qu'un auteur français, lésé dans la jouissance de son droit exclusif par l'usurpation d'un tiers, implorait contre ce tiers le secours de nos lois. Que faudrait-il décider si ce même secours était réclamé par un auteur étranger ? Telle est la question que nous allons nous poser.

La solution nous est donnée par le décret du 28 mars 1852, dont nous avons parlé déjà plusieurs fois.

Antérieurement au décret de 1852, le système de la jurisprudence était extrêmement simple. Il fallait, suivant elle, considérer l'endroit *où avait eu lieu la première publication de l'ouvrage.* Cette publication avait-elle eu lieu en France ? La loi française protégeait l'œuvre. La publication, au contraire, avait-elle eu lieu à l'étranger ? La loi française refusait à l'auteur toute protection.

Comment la jurisprudence en était-elle arrivée à cette solution, un peu artificielle, il faut le reconnaître ? L'article 6, dit-elle, de la loi du 19 juillet 1793 est ainsi conçu : « *Tout citoyen qui mettra au jour.....* » C'est donc de la *publication,* que dérivent l'existence légale et les prérogatives de la propriété des auteurs. Dans la pensée du législateur, la publication de l'ouvrage et l'institution légale de la propriété littéraire forment les éléments d'une convention indivisible. La propriété, juste récompense du génie ou des efforts de l'auteur, est la compensation des avantages, quelquefois même de la gloire, dont la publication a doté le pays (1). Dès lors, la protection des lois relatives à cette propriété ne doit s'étendre qu'aux ouvrages dont la première publication a eu lieu en France.

L'ouvrage a-t-il été publié en France ? La loi française le protège, qu'il soit signé d'un Français ou d'un étranger.

L'ouvrage a-t-il été publié à l'étranger ? La loi française l'ignore, même s'il est signé d'un Français : du jour de sa publication à l'étranger, il est tombé dans le domaine public en France (2). Cependant, ici, il y a un tempérament à la rigueur de la loi. Si, avant que personne en France ne se soit emparé de l'ouvrage ainsi échu au domaine public, l'auteur fait une publication en France, la jurisprudence reprend le droit au domaine public et le restitue à l'auteur.

Tout cela, on le voit, était parfaitement arbitraire, discutable, et, en fait, discuté. En outre, ce régime de pro-

---

(1) Paris, 22 novembre 1853, Escriche c. Bouret, D. P. 54.2.161.

(2) Ce système, toutefois, était vivement critiqué. La jurisprudence, on le voit, ici, partait de ce principe que le droit de l'auteur est un droit purement civil, dérivant de la loi positive. Or, rien n'est moins exact. La propriété est au-dessus des lois civiles. — Le texte qu'il faut consulter en la matière est l'article 39 du décret de 1810. Parle-t-il de la première publication en France ? Il n'en dit pas un mot. Quant à l'article 40, il ajoutait : « Les auteurs, soit nationaux, soit étrangers, peuvent céder leur droit. » Aucune distinction, on le voit, sur la question d'origine de l'œuvre. — L'article 6 de la loi de 1793 n'a qu'un objet : obliger au dépôt, pour enrichir les collections de l'Etat. Mais il ne prescrit nulle part la mise au jour en France.

V. Merlin, *Quest.*, v° *Propriété littéraire*, § 2, et *Contrefaçon*, § 7 ; — Conf. Crim. cass., et 23 mars 1810, D. A., 1re éd., t. II, p. 473.

tection égoïste était contraire aux intérêts des auteurs, les étrangers devant nécessairement user de réciprocité et refuser leur appui à nos littérateurs. Aussi était-il opportun qu'une mesure législative vînt remédier à un état de choses aussi fâcheux : c'est ce que fit le décret du 28 mars 1852.

Le rapport préparant ce décret a été présenté par M. Abbatucci, sénateur, garde des sceaux : il est curieux à lire et dans le fond et dans la forme. Adressé au « prince président de la République française », il s'exprime en ces termes : « Monseigneur, le droit d'auteur, qui consiste dans le droit temporaire à la jouissance exclusive des produits scientifiques, littéraires ou artistiques, est consacré par la législation française au profit des nationaux et même des étrangers relativement aux ouvrages publiés en France. Mais l'étranger, qui peut acquérir et possède sous la protection de nos lois des meubles et des immeubles, ne peut empêcher l'exploitation de ses œuvres au moyen de la contrefaçon sur le sol, d'ailleurs si hospitalier, de la France. C'est là, Monseigneur, un état de choses auquel on peut reprocher non seulement de n'être pas en harmonie avec les règles que notre droit positif tend sans cesse à généraliser, mais même d'être contraire à la justice universelle. Vous aurez consacré l'application d'un principe salutaire, vous aurez assuré aux sciences, aux lettres et aux arts un encouragement sérieux, si vous protégez leurs productions contre l'usurpation, en quelque lieu qu'elles aient vu le jour, à quelque nation que l'auteur appartienne » (1).

(1) *Moniteur universel*, 30 mars 1852, p. 517.
Rappelons le texte du décret de 1852 :
Art. 1er. — La contrefaçon, sur le territoire français, d'ouvrages publiés

Le décret rendu, conformément à ce rapport, le 28 mars 1852, assimilait de tous points les œuvres publiées à l'étranger aux œuvres publiées en France, astreignant seulement, — et cela était la moindre des choses, — les premières aux mêmes formalités de dépôt en France que les œuvres publiées sur notre territoire (art. 4). L'autorité française avait enfin compris que le droit d'auteur n'est pas une création de la loi propre à chaque pays, mais un droit naturel et préexistant. Malheureusement, ce généreux et intelligent exemple n'a été jusqu'ici suivi par aucun pays, sauf par la Belgique qui, dans sa loi du 22 mars 1886, a inséré cet article :

Art. 38. Les étrangers jouissent en Belgique des droits garantis par la présente loi, sans toutefois que la durée de ceux-ci puisse, en ce qui les concerne, excéder la durée fixée par la loi belge.

Parmi les autres législations, les unes (comme la loi espagnole), tiennent compte de la nationalité des auteurs ; les autres, du lieu de publication (telles les lois anglaise, italienne, autrichienne, danoise, celle des Etats-Unis d'Amérique) (1); d'autres enfin, à la fois de la nationalité et du

à l'étranger et mentionnés en l'article 425 du Code pénal constitue un délit.

Art. 2. — Il en est de même du débit, de l'exportation et de l'expédition des ouvrages contrefaisants. L'exportation et l'expédition de ces ouvrages sont un délit de la même espèce que l'introduction, sur le territoire français, d'ouvrages qui, après avoir été imprimés en France, ont été contrefaits chez l'étranger.

Art. 4. — Néanmoins, la poursuite ne sera admise que sous l'accomplissement des conditions exigées relativement aux ouvrages publiés en France, notamment par l'article 6 de la loi du 19 juillet 1793.

(*Moniteur universel*, 29 mars 1852, p. 511.)

(1) Avant la loi fédérale du 3 mars 1891, la législation américaine autorisait expressément la contrefaçon des œuvres littéraires étrangères. Depuis cette loi, l'auteur d'un ouvrage publié pour la première fois hors des

lien de publication (la loi allemande et la loi hongroise, par exemple) (1).

Voilà donc un régime de protection, aussi large qu'on peut la souhaiter, accordée par le décret de 1852 aux étrangers comme aux nationaux. Mais ici des difficultés vont se produire.

Tout d'abord, il importe de remarquer que le décret de 1852, publié pendant la période dictatoriale, a la force d'une loi.

Ceci posé, quelle est la portée de ce décret?

a) Il assimile entièrement, prétend-on dans un premier système, l'auteur d'un ouvrage paru à l'étranger à l'auteur d'un ouvrage paru en France, de telle sorte que les droits du premier dépendraient uniquement de la loi française.

b) L'auteur de l'œuvre publiée à l'étranger, soutient-on au contraire dans un second système, n'est admis à invoquer la protection de nos tribunaux qu'autant que la loi du lieu de publication l'autoriserait à agir dans ce même pays.

La Cour de cassation, dans un arrêt que nous avons déjà cité et critiqué (2), a consacré la seconde opinion. Et, sur ce point, elle a incontestablement fait l'application la plus saine des principes.

Etats-Unis est protégé à condition que : 1° Il fasse imprimer en Amérique même les exemplaires qu'il doit écouler sur le marché américain ; 2° Que, le jour même de la publication en Amérique, il dépose deux exemplaires à la Bibliothèque du Congrès, de Washington.

La première de ces deux prescriptions ne se retrouve dans aucune autre législation.

(1) V. Lyon-Caen· et Delalain, *Propriété littéraire et artistique*, t. I, XLIV.

(2) Grus, G. Ricordi, 25 juillet 1887, D. P. 88.1.5.

L'auteur du décret de 1852 a eu, en effet, pour but de combler une lacune regrettable de notre législation. Refuser en France toute protection à l'œuvre publiée à l'étranger, c'était encourager la contrefaçon sur le sol français, et, comme l'a dit M. Sarrut, « rendre la législation française complice d'une sorte de spoliation ». Mais encore fallait-il que cette spoliation existât, et, pour cela, que la loi étrangère elle-même accordât sa protection à l'œuvre reproduite : le décret aurait manifestement dépassé le but qu'il se proposait d'atteindre si, prétendant mieux faire que la législation étrangère, empiétant en quelque sorte sur le domaine de cette dernière, il avait consacré, garanti des droits que celle-ci ne reconnaîtrait pas. « Le texte du décret de 1852 ne dit en aucune façon, fait remarquer M. Fliniaux (1), que les auteurs étrangers qui ont publié leur ouvrage à l'étranger seront dans la même situation que les Français ou les étrangers qui ont publié en France ; il accorde seulement aux œuvres publiées à l'étranger la même protection pénale qu'aux autres. Déclarer simplement que la contrefaçon sera punie, ce n'est pas créer des droits, c'est sanctionner ceux qui existent ; ces droits sont établis dans des conditions diverses par les lois étrangères, le décret les prend tels qu'ils sont, plus ou moins étendus, et dans le cas où ils n'existent pas, il n'accorde rien ; il ne s'occupe que de la répression, et l'œuvre publiée à l'étranger doit en tous autres points suivre la loi étrangère. On peut d'ailleurs remarquer que si les publications étrangères avaient été soumises par l'article 1er à la loi française, l'article 4 n'aurait pas eu besoin de dire qu'il les obligeait

____

(1) *Essai sur les droits des auteurs étrangers en France et des auteurs français à l'étranger*, p. 7.

à la formalité du dépôt, ou tout au moins on aurait indiqué cette condition en commençant l'article par le terme *par conséquent*, et non par l'expression néanmoins » (1).

Nous dirons donc, en résumé, que *la recevabilité de l'action en contrefaçon en France d'un auteur dont l'œuvre a paru à l'étranger est subordonnée à la condition de la justification préalable de la survivance de ses droits d'après la législation du lieu de publication.*

Voici maintenant une question plus délicate.

Avant la promulgation du décret de 1852, l'opinion publique s'était émue de la situation embarrassante créée aux auteurs d'œuvres publiées à l'étranger par la législation telle que l'interprétait la jurisprudence. Quatre traités internationaux avaient modifié cette situation : avec la Sardaigne, le 28 août 1843 et le 22 avril 1846 ; avec le Portugal, le 12 avril 1851 ; avec le Hanovre, le 20 octobre 1851 ; avec la Grande-Bretagne, le 3 novembre 1851 (2). Postérieurement au décret de 1852, d'autres traités ont été conclus. Le plus généralement, ces traités, — dont le but principal était d'attirer sur les œuvres françaises, par réciprocité, la protection étrangère, — sont d'un esprit moins large que celui du décret de 1852. Ils imposent des formalités d'enregistrement ou de dépôt que le décret

---

(1) *Sic* : Louis Renault, *De la propriété littéraire et artistique, Journal du droit international privé*, 1878, p. 137-138 ; Pataille, 1856, p. 69-70, 1867, p. 228 ; Calmels, *De la propriété et de la contrefaçon*, n⁰ˢ 409 et s. *Contrà*, Pouillet, *Propr. litt.*, n⁰ 853. « Le droit d'auteur, dit M. Thaller, naît dans le pays où la publication a vu le jour, s'étend de ce pays dans les autres, et y conserve le *maximum* de durée assigné à la propriété littéraire dans l'Etat d'origine, bien que chaque puissance réprime la contrefaçon suivant les pénalités territoriales de sa propre législation » (Thaller, *Annales de Droit commercial*, t. 2, 1888, p. 4).

(2) Ces conventions ont actuellement fait place à des conventions plus récentes.

n'exige pas. En ce qui concerne la question la plus pratique des relations littéraires internationales, — la traduction, — ils en restreignent le droit et le limitent à une
durée très courte, subordonnant souvent l'existence de ce
droit à certaines déclarations que doit porter l'édition de
l'œuvre originale. — La question qui se présente est celle-
ci : le décret de 1852 a-t-il abrogé les traités antérieurs?
A-t-il été modifié lui-même par les traités postérieurs?

En ce qui concerne les traités antérieurs, la controverse
n'est pas sérieuse. Tout d'abord, elle est dépourvue d'intérêt pratique, puisque ces traités ont tous été remplacés
depuis par des traités postérieurs au décret de 1852. En
droit, il suffit de considérer, comme l'a fait M. Duvergier,
que les traités sont des contrats synallagmatiques formés
entre nations. Les conventions font la loi des parties : le
décret de 1852, émané d'une seule des parties, ne pouvait
rompre cette loi. Le décret de 1852 n'a donc pu modifier
les traités antérieurs.

Mais que dire des traités postérieurs au décret?

Avant tout, il faut distinguer parmi ces traités. Une
difficulté ne peut naître qu'en ce qui concerne ceux qui
furent promulgués sous l'Empire, — émanant alors du
pouvoir exécutif seul, sans l'intervention du législateur.
Sous la constitution républicaine, actuellement, les traités sont soumis au Parlement, et constituent par cela
même de véritables lois. Mais, sous l'Empire, les traités
diplomatiques étaient de simples contrats (1) passés entre

(1) La question s'est même posée de savoir si la Constitution impériale
donnait à l'Empereur le droit de passer ces contrats. Cette constitution ne
permettait au chef de l'Etat de conclure en dehors du Parlement que des
traités *de commerce*. Or, a-t-on soutenu, des traités relatifs à la propriété
littéraire ne sont pas des traités de commerce. — Ce n'est pas, répondons-

États. Ces contrats étaient-ils de nature à modifier les dispositions du décret de 1852?

1er système. — Ici nous allons reprendre la définition de M. Duvergier. Les traités sont des contrats synallagmatiques formés entre nations. Les conventions font la loi des parties : les traités postérieurs à la loi de 1852 ont donc modifié l'économie du décret.

Mais, objecte-t-on, une loi est nécessaire pour renverser ce qu'une autre loi a établi ! En principe, oui. Mais, comme le fait remarquer M. Darras, il existe, dans le droit international, une exception certaine à cette règle : « une nation qui, par une loi, aurait concédé un avantage quelconque à un autre Etat, ne doit pas recourir à une loi pour constater la renonciation consentie par l'autre pays ; à cet effet, il suffit de recourir à la forme ordinaire des traités. Il importe peu qu'on ait une fois, sur un sujet donné, employé le moyen de la loi elle-même ; ce n'est point une raison pour que, à l'égard des mêmes personnes, dans les mêmes circonstances, on ne puisse se servir que de ce mode pour exprimer sa volonté (1).

Dans le même sens, M. Pataille, qui borne son étude à l'examen des limites du droit de traduction, écrit: « Les traités internationaux sont tout à la fois des contrats et des lois. Or, il est de principe que les lois générales, et par suite l'exercice des droits qu'elles confèrent, sont modifiés par les dispositions restrictives des lois spéciales et des contrats postérieurs. — Quelle que soit donc la portée que

nous, la propriété littéraire qui est en cause dans les traités, mais l'exercice des droits résultant de cette propriété, exercice qui constitue un véritable négoce.

(1) Darras, *Droit des auteurs*, n° 196. *Sic* : Renault, *Bulletin de législation comparée*, 1881, p. 249.

l'on donne au décret de 1852, quelque étendu que l'on suppose le droit des étrangers, ceux d'entre eux qui appartiennent à des pays avec lesquels il existe des traités ne pourront se prévaloir en France du décret que sous les conditions et dans la limite de ces traités » (1).

Il faut donc décider que les nations avec qui nous avons des traités sont soumises au regard de la loi française au régime établi par ces traités ; — et cela malgré l'existence du décret de 1852. Mais comment allons-nous régler nos relations avec les États qui n'ont pas de traité avec nous ?

Il semble que la réponse doive s'imposer. Pas de règle spéciale, la règle générale reprend son empire : nos relations vont être régies par le décret de 1852. Mais ici nos adversaires vont protester. Eh quoi, diront-ils ! Les nations avec qui nous avons des traités sont celles qui protègent par réciprocité nos œuvres nationales. Vous les soumettez au régime des traités. Les autres, c'est-à-dire celles qui ne protègent pas nos nationaux, sont soumises au régime du décret de 1852. Or, nous avons remarqué que le régime de 1852 est presque partout plus large que les régimes des traités. De telle sorte que les nations qui refusent toute protection à nos nationaux sont précisément les plus favorisées, les seules qui jouiront du bénéfice complet du décret ! Conséquence choquante.

La conséquence n'est pas si choquante qu'elle le paraît au premier abord. Les nations avec qui nous n'avons pas de traités bénéficient, il est vrai, des dispositions du décret de 1852 : mais est-ce là un avantage stable ? Qui peut répondre du lendemain ? Une loi prochaine ne peut-elle pas abroger les dispositions du décret de 1852 ? Les nations

____

(1) *Ann. prop. ind.*, 1856, p. 72.

qui ont un traité avec nous sont certaines que le contrat
ne sera ni rompu, ni modifié sans leur volonté ; celles qui
n'ont pas de traité sont soumises au caprice du législateur,
et sont donc en réalité moins solidement favorisées que les
autres.

2e SYSTÈME. — Notre opinion, qui est presque unanimement admise, est vivement combattue par certains auteurs,
et notamment par M. Pouillet (1). Pour ceux-ci, le décret
de 1852 a bien pu modifier les traités antérieurs, mais il
n'a pu être modifié lui-même par les traités postérieurs.

L'argument principal qu'on invoque à l'appui de cette
théorie est celui-ci : Les dispositions des traités sont, en
général, restrictives des droits conférés aux étrangers par
le décret de 1852. Comment admettre que des étrangers
aient signé des contrats restrictifs de leur droit ?

Nous répondons aux partisans de ce second système
que, si les dispositions des traités sont moins larges que
celles du décret de 1852, elles sont aussi, nous l'avons
déjà remarqué, plus stables, plus certaines, puisqu'elles
ne sont pas soumises au caprice du législateur.

D'ailleurs, voyez où vous entraîne pratiquement votre
théorie ! « S'il existe, disent MM. Rendu et Delorme, une
convention entre la France et le pays dont l'auteur est
originaire, l'auteur a droit à une double protection : celle
qui résulte des termes généraux du décret de 1852, et celle
qui résulte des termes spéciaux du traité diplomatique.
*L'étranger pourra, à son gré, invoquer l'une ou l'autre sui-
vant qu'elle lui sera plus avantageuse.* » Ainsi, voilà un
étranger qui, à son gré, a le pouvoir d'accepter ou de re-

(1) *Traité de la propriété littéraire*, nos 649 et suiv.

jeter telle ou telle partie d'une convention librement consentie par son pays ! Dans cette convention, il prendra les
mesures qui lui sont favorables et écartera celles qui sont
contraires à ses intérêts ! Conséquence inadmissible ! « On
ne peut, dit M. Darras, scinder ainsi un traité : ou il est
valable, et alors on doit l'appliquer sous tous les rapports
dans chacun de ses articles ; ou il n'existe pas, et on doit
en rejeter intégralement toutes les dispositions » (1).

Et puis, dans ce système, comment expliquer la signa-
ture par les États de tous ces traités inutiles ? Inutiles pour
les étrangers du moins, puisqu'ils avaient à leur disposition le régime plus large du décret de 1852 ? *Par l'oubli
des dispositions de ce décret*, répond-on. Argument puéril,
en vérité. Oubli, dites-vous, des dispositions du décret de
1852 ? Mais prenez le premier en date de ces traités, la
Convention du 29 mars 1855 avec les Pays-Bas : lisez-en
le préambule : « L'Empereur... *Voulant assurer aux sujets
de Sa Majesté Néerlandaise le maintien des garanties dont
ils jouissent déjà en France en vertu du décret du 28 mars
1852....* » (2). Les parties contractantes se réfèrent au décret de 1852 : elles n'en ont donc pas oublié l'économie !

En résumé, donc, il faut décider que *les auteurs dont
les nations ont traité avec la France sont soumis, non plus
au régime du décret de 1852, mais au régime établi par
le traité conclu.*

La plus importante des Conventions internationales exis-
tant actuellement pour la protection des œuvres littéraires est la Convention de Berne du 9 septembre 1886 (3).

(1) *Droit des auteurs*, n° 196.
(2) D. P. 55.4.79.
(3) *Journal officiel*, 16 septembre 1887, p. 4185-4186 ; D. P. 88.4.4.

Y ont adhéré : l'Allemagne, la Belgique, l'Espagne, la France, la Grande-Bretagne, la République d'Haïti, l'Italie, le Luxembourg, la principauté de Monaco, le Monténégro, la Suisse et la Tunisie. D'après l'article 2 de cette Convention, « les auteurs ressortissant à l'un des pays de l'Union ou leurs ayants cause jouissent, dans les autres pays, pour leurs œuvres, soit publiées dans ces pays, soit non publiées, des droits que les lois respectives accordent actuellement ou accorderont par la suite aux nationaux. » En ce qui concerne les Etats qui sont demeurés étrangers à la Convention de Berne, il y a lieu de consulter les Conventions qu'ils ont conclues avec la France. Ce sont, notamment :

Pour l'Autriche-Hongrie, la Convention du 11 décembre 1866 (D. P. 67.4.12).

Pour la Hollande, la Convention du 29 mars 1855 (D. P. 55.4.79) ; et l'article 2 de l'arrangement suppl. du 27 avril 1860 (D. P. 60.4.49).

Pour la Suède et la Norwège, le traité de commerce du 30 décembre 1884, et l'arrangement du 15 février 1884 (D. P. 85.4.14) ; etc.

CINQUIÈME PARTIE

DE L'ACTION EN CONTREFAÇON.

CHAPITRE PREMIER.

DE LA CONDITION DE RECEVABILITÉ DE L'ACTION EN
CONTREFAÇON. — DU DÉPÔT.

« Tout citoyen, dit l'article 6 de la loi des 19-24 juillet 1793, qui *mettra au jour* un ouvrage de littérature sera obligé d'en déposer deux exemplaires à la Bibliothèque nationale ou au Cabinet des estampes de la République, dont il recevra un reçu signé par le Bibliothécaire ; *faute de quoi, il ne pourra être admis en justice pour la poursuite des contrefacteurs.* »

«... Faute de quoi, il ne pourra être admis en justice. » Il suffira donc au défendeur, même en cours d'instance, de faire constater l'absence de dépôt, pour faire impitoyablement rejeter la demande de l'auteur lésé.

§ 1. D'où est née cette formalité du dépôt ? On en attribue l'idée à un certain Raoul Spifame, avocat au Parlement, qui publia à la fin du XVIe siècle un recueil d'arrêts imaginaires, œuvres pour la plupart d'un caprice de fou (Spifame venait d'être interdit), mais dont quelques-uns contenaient des idées pratiques : tel celui qui, pour enrichir la Bibliothèque royale, enjoignait aux auteurs d'y déposer un exemplaire de chacun de leurs ouvrages(1).L'édit de 1617 reprit l'idée pour son compte en ordonnant un double dépôt, l'un à la Bibliothèque royale, l'autre à celle du Chancelier. La loi de 1793 maintint la disposition, et aujourd'hui encore elle est appliquée.

Cependant, les législations ont actuellement une tendance à se débarrasser de cette formalité, en somme assez inutile : la loi du 22 mars 1886 en a affranchi la Belgique.

§ 2. Où le dépôt doit-il être effectué ? A la Bibliothèque nationale, ou au Cabinet des estampes de la République, répondait la loi de 1793. Les décrets du 5 février 1810, du 21 octobre 1814, du 9 janvier 1828, ont successivement modifié cette disposition, pour aboutir à l'article 3 de la loi du 29 juillet 1881, lequel est ainsi conçu :

« Au moment de la publication de tout imprimé, il en sera fait par l'imprimeur, sous peine d'une amende de 16 à 300 francs, un dépôt de deux exemplaires destinés aux collections nationales. Le dépôt sera fait au *ministère de l'Intérieur, pour Paris ; à la Préfecture, pour les chefs-lieux de départements ; à la Sous-Préfecture, pour les chefs-lieux d'arrondissements ; et, pour les autres villes, à la Mairie.* »

C'est donc aujourd'hui au ministère de l'Intérieur, dans les Préfectures ou Sous-Préfectures, ou dans les Mairies, qu'il faut effectuer le dépôt. Mais le nombre des exemplaires à déposer est revenu à deux, comme sous le régime de la loi de 1793, après avoir été élevé à cinq par le décret de 1810 et l'ordonnance de 1814.

---

(1) Pouillet, *Traité de la propriété littéraire*, n° 422.

§ 3. Et maintenant, quels ouvrages faut-il déposer ? En principe, tous les ouvrages « mis au jour » : c'est l'expression de la loi de 1793. Donc, toute œuvre littéraire, sauf les manuscrits et les épreuves d'ouvrages non encore publiés (1). Cependant, à cette règle il y a une exception : c'est le cas *où les circonstances rendent impossible l'accomplissement de cette formalité*. Nous venons d'en trouver un exemple, appuyé sur le texte même de la loi de 1793, celui des manuscrits et des ouvrages non encore publiés. La jurisprudence en a établi d'autres : en matière de discours, par exemple, de leçons orales, de cours de professeurs. Il est bien évident, en effet, qu'on ne peut faire le dépôt de paroles ou de pensées (2).

Par application de ce principe, les ouvrages dramatiques astreints, en ce qui concerne le droit de *publication*, à la formalité du dépôt, en sont exempts en ce qui touche le droit de *représentation*. Les deux droits, en effet, sont distincts et indépendants l'un de l'autre. Or, la représentation est-elle autre chose qu'un discours agrémenté de gestes qu'il est matériellement impossible de déposer ? La conséquence de cette solution est que l'entrepreneur de spectacles, qui, illicitement, aura représenté la pièce, pourra être poursuivi, même si la pièce n'a pas été imprimée et déposée (3).

§ 4. Ce qu'il faut déposer, c'est l'ouvrage lui-même. Ainsi il a été jugé que le dépôt du *prospectus*, et même

______

(1) Paris, 18 février 1836 ; 9 mars 1842 ; Seine, 21 mars 1877.

(2) Paris, 27 août 1828 ; Paris, 18 juin 1840, D., J. G., v° *Propr. litt.*, n° 129 ; Lyon, 17 juillet 1845, aff. Lacordaire, D. P. 45.2.128.

(3) Crim. rej., 24 juin 1852, aff. Connevat, D. P. 52.1.221 ; Lyon, 7 janv. 1852, aff. Cochet, S. 52.2.138 ; Rouen, Commerce, 12 nov. 1873, aff. Paul, D. P. 75.5.364.

d'une *première livraison* de l'ouvrage, alors qu'elle est informe, soit sous le rapport typographique, soit sous le rapport de la rédaction, ne peut établir, au profit de l'éditeur, un droit exclusif au titre de l'ouvrage (1).

§ 5. Avant la loi de 1881, la question se posait de savoir si le dépôt fait par l'imprimeur, conformément à l'article 14 de la loi du 21 octobre 1814, suffisait pour conserver les droits de l'auteur. Le doute venait des termes mêmes de l'article 6 de la loi de 1793. « Tout *citoyen qui mettra au jour* ... sera tenu de déposer. » Tout citoyen qui met au jour : c'est-à-dire l'auteur lui-même. Or, quand le dépôt est fait par l'imprimeur, le nom de l'auteur ne se trouve inscrit ni dans la déclaration elle-même, ni dans le titre de l'ouvrage. La Cour de cassation, dans un arrêt du 30 juin 1832 (2), avait d'abord déclaré le dépôt fait par l'imprimeur insuffisant pour conserver les droits de l'auteur. Mais elle avait changé d'avis, et avait, dans plusieurs arrêts postérieurs, proclamé le principe contraire (3). Depuis la loi du 29 juillet 1881, la question n'est plus contestée. L'article 3 oblige *l'imprimeur* à déposer ; et, comme ce dépôt est effectué au même lieu, entre les mains des mêmes agents et avec la même destination que celle prévue par la loi de 1793, il est hors de doute que ce dépôt n'assure au déposant ou à son mandant le bénéfice de l'article 6 de la loi de 1793 (4).

§ 6. La formalité du dépôt, nécessaire pour la receva-

----

(1) Paris, 8 oct. 1835, Forfelier c. Ange de Saint-Priest, D., J. G., v° *Propr. litt.*, n° 441.

(2) D. P. 32.1.289.

(3) Crim. rej., 1ᵉʳ mars 1834, D. P. 34.1.113 ; Crim. rej., 20 août 1852, D. P. 52.1.335 ; Req., 6 nov. 1872, D. P. 74.1.493.

(4) Besançon, 13 juill. 1892, Boussion, *Ann. propr. ind.*, 94.117.

bilité de l'action correctionnelle, ne l'est pas moins pour la recevabilité de l'action civile (nous verrons tout à l'heure que la victime de la contrefaçon a le choix entre ces deux actions). L'article 6 de la loi de 1793 est en effet formel. « Tout citoyen, dit-il,... devra déposer... ; faute de quoi, il ne pourra être admis en justice... » *Admis en justice*, sans distinction (1).

§ 7. Et maintenant, dans quel but, — il est intéressant de le rechercher, — la loi a-t-elle organisé le dépôt ? Faut-il dire, avec certains auteurs (2), qu'il y a là pour l'auteur « un moyen de faire savoir au public qu'il veut conserver la jouissance exclusive de son œuvre », à tel point que l'omission du dépôt constituerait une présomption d'abandon de la propriété ? Ou bien ne faut-il voir là qu'une mesure de police, un moyen de consacrer la priorité, en même temps qu'une dîme prélevée au profit de la Bibliothèque nationale sur la récolte intellectuelle du pays ? Historiquement, la seconde théorie s'impose. Ce qui dépend du dépôt, ce n'est pas *la propriété*, mais *l'exercice du droit de propriété*. « Admis en justice... », dit la loi de 1793 ; « poursuite admise... », dit la loi de 1852 ; et nulle part la loi ne parle du droit lui-même. De telle sorte que M. Lyon-Caen a pu dire, avec le plus grand bonheur d'expression, qu'aujourd'hui le dépôt est *déclaratif*, et non *attributif* de propriété (3).

§ 8. Mais si, dans l'état actuel de notre législation, le dépôt ne constitue pas une preuve de la propriété littéraire, on peut affirmer qu'il en est une forte présomption. Le

(1) Pau, 6 décembre 1878. Latour c. Cazaux. D. P. 80.2.80.
(2) *Sic*, M. Gastambide.
(3) Lyon-Caen et Delalain, *Propriété littéraire et artistique*, t. I, p. LVIII.

plus souvent, en effet, c'est l'auteur, son ayant droit, son cessionnaire, ou son représentant, qui dépose. Que si, par hasard, le dépôt a été fait par un usurpateur, et que le tribunal accepte la présomption de dépôt, l'auteur aura à prouver, par quelque moyen que ce soit, — et rien ne lui sera plus facile, — qu'il avait conservé son droit exclusif sur l'ouvrage litigieux : la présomption s'inclinera devant la preuve, et le juge appliquera les peines de l'article 425 (1).

§ 9. Il faut bien s'entendre, d'ailleurs, sur l'étendue de la présomption de propriété que crée le dépôt de l'œuvre littéraire. Il est de toute évidence que cette présomption doive se limiter à l'objet du dépôt lui-même, tel qu'il se comporte, et n'embrasse point autre chose : par exemple, — pour prendre une espèce déjà jugée, — le dépôt légal de la brochure contenant l'exposé d'un système de comptabilité assurera à l'auteur la propriété littéraire de l'ouvrage, mais ne lui conférera pas le droit d'interdire sa méthode au public (2).

§ 10. Dans la pratique, le dépôt se prouve par un récépissé émanant du fonctionnaire qui l'a reçu. Sinon, par tous les moyens (3).

§ 11. Le dépôt est nécessaire, même pour les étrangers qui veulent bénéficier de nos lois (4) : c'est-à-dire qu'en principe, même après avoir déposé dans leur pays, les étrangers sont astreints, s'ils veulent être admis à plaider en contrefaçon, à effectuer en France le dépôt préalable.

(1) Voir, sur la présomption de propriété, crim. rej., 19 mars 1858, aff. Hache, D.P. 58.1.190 ; Douai, 23 mai 1891, aff. Ernst, D. P. 92.2.182.
(2) Paris, 2 août 1870, Balnus, D. P. 71.2.16.
(3) Paris, 6 nov. 1872, Garnier, D. P. 74.1.493.
(4) Seine, 4 févr. 1891, *La Loi*, 1891, p. 35.

Cependant, la Convention de Berne, du 9 septembre 1886, a soustrait à cette obligation les étrangers dont les pays n'exigeraient pas que cette formalité fût remplie. « Pour que les auteurs des ouvrages protégés par la présente Convention, dit l'article 11, soient, jusqu'à preuve contraire, considérés comme tels et admis, en conséquence, devant les tribunaux des divers pays de l'Union à exercer des poursuites contre les contrefacteurs, *il suffit que leur nom soit indiqué sur l'ouvrage* en la manière usitée.... Il est entendu, toutefois, que les tribunaux peuvent exiger, le cas échéant, la production d'un certificat, délivré par l'autorité compétente, constatant que les formalités prescrites (dépôt, enregistrement), dans le sens de l'article 2, par la législation du pays d'origine, ont été remplies. »

§ 12. En résumé, on peut dire que le dépôt est une formalité destinée, théoriquement, à révéler le droit exclusif de l'auteur, pratiquement, à alimenter les collections nationales, et dont l'omission est un obstacle à l'admission de la demande en contrefaçon.

§ 13. Mais cet obstacle est-il définitif, insurmontable; et ne dépend-il pas du demandeur de le faire disparaître, *même en cours d'instance*, en remplissant la formalité? Question grave que la jurisprudence a tranchée par l'affirmative. Hâtons-nous de déclarer que cette solution nous paraît injustifiable.

Revoyons bien dans quelles conditions le cas se présente. Voici un auteur qui, n'ayant pas déposé son ouvrage, découvre que quelqu'un a usurpé sa propriété. Il va exercer l'action en contrefaçon. S'il dépose avant d'entamer sa procédure, pas de difficulté: l'accomplissement de la formalité du dépôt permet de poursuivre les faits antérieurs (1). Mais, sans se soumettre aux injonctions de l'article 3 de la loi de 1881, il engage son action. L'adversaire, en défendant, oppose l'absence de dépôt ; et le demandeur, sentant que la loi est formelle, et que son action ne sera pas admise s'il ne s'incline pas, va déposer suivant les préceptes de la loi de 1881. Qu'adviendra-t-il ? Faudra-t-il que le demandeur recommence sa procédure passée ? ou bien l'accomplissement, même tardif, de la formalité couvrira-t-il le vice de cette procédure ? La jurisprudence répond : Oui, le vice sera couvert, et la procédure antérieure sera valable (Cour de Pau, 31 mai 1878).

Remarquons tout d'abord que l'arrêt que nous citons (2) ne donne aucune raison de sa décision. Il semble considérer qu'elle doive s'imposer. — Et pourtant, en bonne logique, ne semble-t-il pas *a priori* qu'il faille prononcer que la nullité de la procédure antérieure au dépôt est une sanction nécessaire de la disposition enjoignant cette formalité ? Pour l'auteur, le dépôt n'a d'utilité que dans l'éventualité possible d'un procès en contrefaçon (3). Si l'auteur n'a rien à risquer à retarder l'accomplissement de la formalité ; s'il est sûr de pouvoir, à n'importe quel moment de sa procédure, racheter les vices passés, en déposant tardivement, vous ne le verrez plus obéir à la loi. A quoi bon ? L'adversaire n'excipera peut-être pas de l'omission

---

(1) Pouillet, *Propriété littéraire*, n° 428 ; Rendu et Delorme, *Droit industriel*, n° 761.

(2) Latour c. Cazaux, D. P. 80.2.80.

(3) Pour l'imprimeur, le dépôt est une obligation. S'il s'y soustrait, il est passible, nous l'avons vu, d'une amende de 16 à 300 francs (art. 3, L. 29 juillet 1881).

de dépôt ; s'il l'oppose, il sera assez tôt encore pour faire la démarche au Ministère de l'Intérieur, ou ailleurs : de telle sorte que, sauf pour les gens victimes d'usurpation, les prescriptions, relatives au dépôt, des lois de 1793 et de 1881 deviendront lettres mortes ; et que l'État, désireux d'enrichir ses collections, les verra peu à peu privées des œuvres d'auteurs qui auront jugé inutile de déposer.

Enfin, — et ceci est le plus concluant de tous les arguments, — nous envisageons en ce moment une procédure qui tend généralement à une condamnation pénale. Or, un des premiers principes de la procédure répressive est que tout y est organisé en faveur du défendeur. Si vous infligez, au poursuivant qui n'a pas déposé, une déchéance momentanée, si vous l'obligez à reprendre toute sa procédure, vous accordez au prévenu un délai qui lui sera peut-être salutaire, — qui lui permettra, si vous voulez, d'achever de prescrire ou (1) de voir disparaître des témoins favorables à la demande. Ce sont là des portes de sortie pour le prévenu : de quel droit les lui fermez-vous, contrairement à tous les usages admis en matière pénale ?

A tous les points de vue donc, il faut s'élever contre cette solution de la jurisprudence, et déclarer que le dépôt survenu en cours d'instance ne régularise pas la procédure antérieure ; que, nonobstant ce dépôt, le demandeur est obligé de recommencer une procédure nouvelle, dût-il, grâce à ce retard, déchoir de tous ses droits. Ce sera la peine de sa négligence : ne sommes-nous pas habitués à trouver, à côté de chaque injonction législative, la sanction de la désobéissance à cette injonction ?

(1) Cet exemple est de M. Pouillet, *Traité de la propriété littéraire*, n° 440.

§ 14. Il faut, du reste, noter immédiatement un cas où le salut ne résultera pas pour le contrefacteur du bénéfice qu'il aura tiré de l'omission de dépôt de l'auteur. C'est le cas où le Parquet poursuit d'office. L'auteur lésé intervient-il dans la procédure comme partie civile? Le prévenu sera déchargé vis-à-vis de lui, et l'exception de dépôt pourra le sauver. Mais le prévenu restera toujours en face du ministère public qui n'a pas, lui, d'omission à se reprocher ; et, sur la requête du ministère public, le contrefacteur se verra appliquer les peines de l'article 425.

CHAPITRE II

DE LA PREUVE A FAIRE.

§ 1. Le demandeur en contrefaçon a pour premier devoir d'établir l'existence de son « droit exclusif » d'auteur, ou de son droit à la jouissance du « droit exclusif » de l'auteur.

S'il s'agit de l'auteur lui-même, il prouvera sa propriété par les moyens ordinaires : preuve écrite, commencement de preuve par écrit, accompagné de témoignages, etc. Le dépôt, nous l'avons vu, et la possession du manuscrit, nous allons le voir, constitueront des présomptions qui aideront fortement le demandeur à faire sa preuve.

Le conjoint survivant, l'héritier, le successeur irrégulier (1), le donataire, le légataire, auront à établir la pro-

(1) V. à ce sujet l'exposé des motifs de la loi de 1866, et le rapport de M. Perras.

priété du *de cujus*, l'existence de leur titre, et enfin à montrer qu'une période de cinquante années ne s'est pas écoulée depuis la mort de l'auteur.

Enfin, le cessionnaire à titre particulier devra établir la propriété de son cédant, la non-expiration sur la tête de celui-ci du délai de cinquante ans ; et, par surcroît, l'existence du contrat de cession ; existence qui se prouvera par tous les moyens de droit commun.

§ 2. Mais voici un conflit délicat qui, entre demandeur et défendeur à l'action en contrefaçon, surgira fréquemment.

L'un des deux, le défendeur par exemple, possède le manuscrit. Le demandeur poursuit : au moment où doit se faire la preuve de la propriété, le défendeur exhibe son manuscrit et veut s'en faire un titre : « article 2279, possession vaut titre ; nous sommes en matière de meuble. » Le possesseur va-t-il triompher ?

Que la possession du manuscrit constitue une présomption de propriété, cela ne fait pas de doute. La doctrine et la jurisprudence l'admettent sans contestation. Bien plus, s'il ne s'agit dans la revendication que du manuscrit, objet matériel, du manuscrit, morceau de papier illustré d'écriture, l'article 2279 va être invoqué victorieusement par le défendeur : il s'agit d'un meuble, possession vaut titre, sauf le cas de perte ou de vol. On dira, si l'on admet par exemple le système de la prescription instantanée, que le défendeur a prescrit la propriété du manuscrit (1).

Mais qu'importe la propriété matérielle du papier manuscrit ? A côté de cette propriété, — intéressante pour le

_____

(1) Aubry et Rau, t. 2, § 183, p. 114 ; Laurent, t. 32, n° 570, p. 187 ; de Folleville, *Traité de la possession des meubles*, 2ᵉ édition, n° 69 ; Bordeaux, 4 mars 1843, *Recueil des arrêts de cette Cour*, 1843, p. 316.

gardien de souvenirs ou le collectionneur d'autographes, —
il y en a une autre, bien autrement précieuse : la propriété
du droit de production, la propriété littéraire en un mot.
Faudra-t-il dire que, celle-là, le possesseur du manuscrit
aura pu la prescrire instantanément ; et que, contre le
revendiquant, l'article 2279 lui sera une arme utile ? Évidemment non.

Et, à cet égard, pour triompher immédiatement en droit,
le demandeur n'aura qu'à interpeller le défendeur. A
quel titre possédez-vous ? Pas, à coup sûr, à titre de don
manuel : le droit de publication est un bien incorporel, et
par conséquent ne pouvait faire l'objet d'un don manuel.
Est-ce par le fait d'un contrat à titre onéreux ? Mais alors
prouvez-moi l'existence de ce contrat. Et cette preuve
vous ne pouvez me la faire que suivant les règles du droit
commun. Vous possédez le manuscrit, dites-vous ? Eh !
bien, c'est une présomption, mais ce n'est qu'une présomption ; et de cette présomption vous ne ferez une
preuve qu'en la renforçant par tous les moyens de droit
commun. Apportez-moi une preuve écrite, ou un commencement de preuve par écrit appuyé de témoignages :
quant à votre article 2279, n'oubliez pas qu'il ne saurait
s'appliquer aux biens incorporels (1).

§ 3. La preuve de la propriété une fois établie, le demandeur aura à démontrer l'existence du délit, c'est-à-dire
à prouver :

1º Le fait de la publication en fraude du droit de reproduction de l'auteur ;

2º L'existence d'un préjudice au moins éventuel.

Quant à l'intention frauduleuse de l'usurpateur, nous

(1) Voir, sur tout ceci, D. P. 1895.2.421, et la note.

avons vu qu'elle se présumait. Si même la poursuite du demandeur ne tend qu'à une réparation civile, cet élément de l'intention frauduleuse sera complètement à dédaigner. Les articles 1382 et 1383 du Code civil assureront au plaignant le triomphe indépendamment de toute considération de fraude à la charge du défendeur.

CHAPITRE III

DES FINS DE NON-RECEVOIR. — DE LA PRESCRIPTION.

§ 1. Le défendeur à l'action en contrefaçon a différents moyens à opposer à la poursuite du demandeur. Les uns sont de véritables moyens de défense au fond ; les autres constituent des fins de non-recevoir.

Les premiers seront tirés de l'absence d'un des éléments constitutifs du délit ; ou de l'absence de préjudice ; ou de la bonne foi, — assez rarement admise, d'ailleurs, — du reproducteur. Dans ces cas, le triomphe du défendeur sera complet : le délit lui-même n'existera pas. — Une espèce assez intéressante se présente lorsque le demandeur n'est pas seul auteur de son œuvre, et s'est adjoint des collaborateurs. L'un de ceux-ci a autorisé la reproduction, et le défendeur se fait fort de cette autorisation. Appliquera-t-on l'article 425 ? — La question se ramène ici à une question de bonne foi. Si le défendeur ignorait la pluralité d'auteurs, et croyait tenir son droit *ab uno domino*, pas de délit. Action civile en revendication contre le reproducteur, qui appellera son cédant en garantie. Si, au contraire, le cessionnaire a su qu'il ne traitait pas avec tous les collaborateurs : 1° ce contrat sera nul ; 2° le défendeur encourra les peines de la contrefaçon. C'est ce qu'a jugé la Cour de Paris, en 1836, dans le procès de « Robert Macaire ». M. Barba avait acheté de deux des auteurs de la pièce le droit d'imprimer l'ouvrage. Frédérick-Lemaître, troisième collaborateur, refusa de ratifier le traité, et signifia à M. Barba défense d'imprimer. Celui-ci passa outre : il ne pouvait être en l'espèce question de bonne foi; le Tribunal appliqua l'article 425 (1).

§ 2. Quant aux fins de non-recevoir, on conçoit qu'elles puissent varier à l'infini. Nous en avons rencontré un exemple, lorsque nous avons traité *du dépôt.* L'absence de dépôt ne détruit pas, ni n'amoindrit le droit du demandeur ; seulement, elle en paralyse l'action.

§ 3. Mais la plus fréquente des fins de non-recevoir opposées sera celle résultant de la prescription.

Ici, les règles sont les mêmes que pour la prescription commune en matière de délit. Tout d'abord, le délai pour prescrire est de trois ans, à dater du jour où le délit est *perpétré.*

A quel moment le délit est-il *perpétré* ? Le principe est que l'accomplissement de ce que la loi appelle la perpétration coïncide avec le dernier acte servant à parachever le délit. La prescription commencera donc avec ce dernier acte. Si le contrefacteur dépose, le dépôt sera le point de départ de la prescription (2). S'il n'a pas déposé, le délai courra du jour de la publication (3). La publicatio n est,

---

(1) Trib. Seine, 31 décembre 1835 ; Cour de Paris, 18 février 1836, D., J. G., v° *Propriété littéraire,* n° 315.

(2) Douai, 17 nov. 1883, Bathlot et autres, *Ann. propr. ind.,* 85.179.

(3) Cass., 12 mars 1858, Vieillot, D. P. 58.1.339.

au surplus, un acte unique et complet qui suffit, à lui seul, à consommer définitivement la contrefaçon.

La prescription de trois ans, à l'égard de celui qui a commis le délit principal de contrefaçon, est *libératoire* mais non *acquisitive* : elle ne lui confère pas pour l'avenir la jouissance du droit de reproduction qu'il avait usurpé. C'est l'application du droit commun. Les trois ans écoulés, le contrefacteur échappe à l'action de l'article 425 : mais l'auteur n'en conserve pas moins intact son droit de reproduction ; et, à quelque moment que ce soit, il pourra l'exercer sans que le contrefacteur puisse élever la moindre protestation.

Aux termes des articles 637 et 638 du Code d'instruction criminelle, l'action civile résultant d'un délit se prescrit par le même laps de temps que l'action publique. L'action civile en contrefaçon se prescrit donc par trois ans, qu'elle soit portée accessoirement devant les mêmes juges que l'action publique, ou séparément devant la juridiction civile (1).

Seuls, des actes de *poursuite* peuvent interrompre la prescription : le dépôt, par exemple, ne produirait aucun effet interruptif.

Par application, toujours, du droit commun, la charge de la preuve de la prescription incombe à celui qui veut en invoquer le bénéfice (2).

La prescription du délit de *contrefaçon* (article 425), est absolument indépendante de celle du délit de *débit* (article 426). Le délit de l'article 426 se prescrira beaucoup plus lentement et plus difficilement que celui de l'arti-

(1) Trib. Seine, 12 mars 1892, Junker, *Le Droit*, 18-20 avril.
(2) Marseille, 21 août 1857, Vieillot, précit.

cle 425 : chaque fait de vente constitue un délit particulier,
renouvelle le point de départ du délai pour prescrire, et
sauve le droit du propriétaire. Aussi celui-ci conservera-
t-il généralement des armes, même après s'être laissé dé-
pouiller par la prescription de son droit, *contre le contrefacteur* : impuissant en vertu de l'article 425, il s'aidera,
pour poursuivre, de l'article 426, et réussira le plus souvent dans son action contre le débitant (1).

De même encore, en matière d'ouvrages dramatiques,
la prescription du délit de représentation illicite sera absolument indépendante de la prescription du délit de contrefaçon ; par les mêmes raisons que pour le débit, l'action
de l'article 428 survivra presque toujours à celle de l'article 425 (2).

Pour le vendeur, la prescription court du jour de chaque
vente : pour l'entrepreneur de spectacles, du jour de chaque représentation.

(1) Cass., 11 août 1862, Rosa, D. P. 62.1.453.
(2) Cass., 15 janv. 1867, Bagier c. Vve Scribe, D. P. 67.1.181.

SIXIÈME PARTIE

DE LA PROCÉDURE DE L'ACTION EN CONTREFAÇON.

———

CHAPITRE PREMIER

DU DROIT POUR LE MINISTÈRE PUBLIC DE POURSUIVRE D'OFFICE.

Il semble au premier abord superflu, — puisque nous sommes en présence d'un délit, — de rappeler que le ministère public a le droit, en l'absence même de toute plainte de la partie lésée, d'intenter les poursuites des articles 425, 426 et 428. Dès que le législateur a déclaré qu'un acte est répréhensible, que sa volonté est de l'empêcher et de le punir s'il est abusivement commis, la Société est intéressée à ce que le législateur soit écouté, et le Parquet a le droit d'intervenir même lorsqu'on ne sollicite pas son concours.

Si un doute a pu naître en matière de propriété littéraire, c'est lorsque les auteurs se sont reportés par comparaison à la procédure de l'action en contrefaçon d'inventions brevetées. Là, un texte précis, l'article 45 de la loi du 5 juillet 1844, a bien spécifié que « l'action correctionnelle ne pourrait être exercée par le ministère public que sur la plainte de la partie lésée ». Pourquoi cette disposition, et faut-il l'étendre à la contrefaçon des œuvres littéraires ? — La réponse ne saurait faire hésiter un instant.

L'article de la loi de 1844 est une dérogation au droit commun ; cette dérogation, il fallait un texte explicite pour l'autoriser ; ce texte existe dans la loi de 1844, mais on ne le retrouve dans aucune des lois qui regardent la propriété littéraire ; or, *exceptio est strictissimæ interpretationis*, et il ne faut pas songer à étendre la dérogation à des textes qui ne la prévoient pas. — Sur ce point, tous les auteurs sont d'accord. Mais beaucoup regrettent que la disposition de l'article 45 ne se rencontre pas dans les lois sur la contrefaçon littéraire. « Il serait à désirer, dit M. Dalloz (1), qu'une pareille disposition fût insérée dans la loi sur la propriété littéraire. *La contrefaçon est un véritable délit privé* ». La contrefaçon est un délit privé : c'est d'ailleurs ce que déclarait avec une variante l'exposé des motifs de la loi de 1844 à la Chambre des députés. Le breveté, y disait-on, pouvant avoir consenti aux faits qui paraissent constituer une infraction à ses droits exclusifs, il convenait de n'admettre, par exception au droit commun, la poursuite du ministère public que sur une plainte qui repousse la supposition favorable au libre exercice du commerce et de l'industrie. » Serait-ce là une raison suffisante ? Nous croyons que non. La répression de la contrefaçon est une mesure de sécurité publique : il importe que cette mesure oblige tout le monde, — sans exception pour les auteurs eux-mêmes. « Delit privé », dites-vous ? Mais le vol, l'escroquerie, l'abus de confiance ne sont-ils pas également des délits privés ? Et cependant les poursuites de l'article 401, de l'article 405, de l'article 408, intéressant la Société, ne peuvent-elles pas être intentées par

____

(1) Dalloz, J. G., *Propriété littéraire*, n° 429.

le Parquet indépendamment de toute plainte de la partie
lésée ?

Quoi qu'il en soit, en l'état de la législation et de la jurisprudence, le ministère public a le droit de poursuivre
d'office. Ce droit est légitime ; et, s'il y a un regret à exprimer, c'est de voir qu'on l'ait supprimé en matière de
brevets d'invention.

Ajoutons, par voie de conséquence, que l'action publique, une fois mise en mouvement, ne peut plus être
arrêtée même par le désistement de la partie lésée.

CHAPITRE II

DE L'ACTION DIRECTE. — DE LA PROCÉDURE CIVILE. — DE LA PROCÉDURE CORRECTIONNELLE.

§ 1. Bien que la Société soit intéressée à la répression
de tout délit, il arrive rarement que le ministère public
intente d'office la poursuite en contrefaçon. Il appartient
alors à l'auteur de se pourvoir directement ; et, à ce moment, deux partis se présentent à lui. Agira-t-il devant
la juridiction civile ? Poursuivra-t-il devant le tribunal
correctionnel ? Son choix est absolument libre (1) ; mais
suivant qu'il s'engagera dans l'une ou l'autre des deux
voies, le but à atteindre sera différent. Ce qu'on demande,
au civil, c'est la réparation d'un préjudice ; le texte dont
on s'arme est l'article 1382 : dommage illicite ; il n'est pas

(1) Pouillet, *Propriété littéraire*, nᵒˢ 673 et suiv. ; *Traité des marques
de fabrique et de la concurrence déloyale*, 3ᵉ édition, nᵒˢ 666 et suiv.

question de contrefaçon. Ce qu'on cherche principalement au contraire, devant le Tribunal correctionnel, c'est la répression d'un délit, l'application d'une peine ; les lois qu'on vise sont les articles 425-429 du Code pénal. Accessoirement, on réclame, — partie civile, — des dommages-intérêts ; mais ce n'est que l'accessoire, à tel point que si le Tribunal acquittait, il lui serait défendu de statuer sur la demande en dommages-intérêts. — Il y a donc là deux procédures bien distinctes : le choix de l'une, *una via electa*, entraîne l'abandon de l'autre (1).

§ 2. Quelle que soit la procédure choisie, le premier acte qu'il importera au poursuivant de faire, sera d'opérer sur les ouvrages contrefaisants une *saisie contrefaçon*. Nous disons « qu'il importera » : car la saisie est un acte, non pas nécessaire, mais utile. Utile tout d'abord, en ce que, les ouvrages contrefaisants une fois saisis, la continuation de la contrefaçon sera rendue impossible : elle pourrait au contraire se prolonger, si on ne saisissait pas, pendant tout le cours du procès,—et le cours d'un procès est souvent long ! Utile ensuite en ce que, le corps du délit étant placé sous scellés, la preuve sera par la suite beaucoup plus facile à administrer.

Mais le défaut de saisie ou la nullité de cette saisie ne sont pas un obstacle à l'exercice de l'action des propriétaires de l'ouvrage (Crim. cass., 27 mars 1835).

La procédure de saisie-contrefaçon est d'ailleurs très simple. Elle a été réglée par l'article 3 de la loi du 19 juil-

(1) Ce qui n'empêche pas la partie qui a succombé au criminel, de reprendre la poursuite au civil. Car le choix de la procédure correctionnelle implique accessoirement le choix de la procédure civile. Et, d'autre part, le tribunal répressif ayant rejeté la demande pénale, — principal de l'action, — n'a pas eu à statuer sur l'accessoire.

let 1793, par l'article 1 de la loi du 25 prairial an III ; et,
pour Paris, par une circulaire du Parquet de la Seine en
date du 29 avril 1842. Il n'y a pas ici d'ordonnance de
juge à demander (Crim. cass., 5 floréal an XIII). A Paris, le poursuivant adresse une requête au commissaire de
police spécial de l'imprimerie et de la librairie attaché au
ministère de l'Intérieur (direction de la Presse). En province, la même requête s'adresse aux commissaires de
police ; et, dans les communes où il n'y a pas de commissaire de police, aux juges de paix (art. 1, loi 25 prairial
an III). La requête renferme la description des objets
contrefaits, l'indication des lieux où ils se trouvent ; on y
joint un exemplaire de l'ouvrage. Le magistrat procède à
la saisie, place les exemplaires contrefaisants sous scellés
avec étiquette indicative, et dresse du tout un procès-ver-
bal que le directeur du service de la Presse, ou, en province, le préfet, adressent au Procureur de la République.
— L'incompétence du magistrat entraînerait la nullité de la
saisie. Cette saisie, pour faire foi, doit être faite en présence du prévenu, et constater soigneusement l'identité
des objets saisis (1). Elle ne peut être évidemment pratiquée que si les premières constatatious du magistrat donnent une apparence de bien fondé aux prétentions du re-
quérant.

§ 3. En ce qui concerne les livres venant de l'étranger,
les préposés des douanes ont la faculté de les saisir, si la
contrefaçon leur en est signalée (art. 45, décret 5 fév. 1810 ;
ord. 13 sept. 1829).

§ 4. Cette première formalité, — utile, nous le répétons,

____

(1) Crim. rej.. 5 flor. an XIII, Buisson c. Joly.

mais non point nécessaire, — une fois remplie, le demandeur aura à se prononcer définitivement sur la juridiction qu'il entend choisir, puis à rechercher le Tribunal compétent pour statuer sur son action.

§ 5. Se décide-t-il pour l'action civile (civile, *lato sensu*)? Le Tribunal compétent sera celui du domicile du défendeur : le Tribunal civil, si le défendeur n'est pas commerçant, le Tribunal de commerce dans le cas contraire (1).

§ 6. Opte-t-il pour l'action pénale? Ici encore le droit commun le guidera pour le choix de la compétence : trois tribunaux seront à sa disposition, celui du lieu où la contrefaçon ou le délit assimilé a été commis, celui de la résidence du prévenu et celui du lieu où le prévenu aura été trouvé. — Faudrait-il ajouter un quatrième tribunal : celui du lieu où la saisie a été pratiquée? Pour le délit de l'article 426, la question ne se pose pas, car le lieu de la saisie se confond avec le lieu du délit. Mais pour la contrefaçon proprement dite? La jurisprudence distingue. Si l'auteur poursuit à la fois le libraire débitant (426) et le contrefacteur (425), le tribunal du lieu de la saisie est compétent : habile à juger le débitant, il l'est par connexité à juger le contrefacteur. Si, au contraire, l'auteur ne poursuit que le contrefacteur, le quatrième tribunal ne serait pas compétent : pour le rendre compétent, il faudrait un texte, et ce texte n'existe pas.

§ 7. Le délit de contrefaçon commis par un militaire serait de la compétence des conseils de guerre. (Pour exemple : affaire du capitaine Muller contre le général de

(1) Quant à l'auteur, la jurisprudence déclare qu'il ne fait pas acte de commerce en exploitant la propriété littéraire.

Durfort, commandant l'école de St-Cyr. Crim. cass.,
9 févr. 1827.)

§ 8. Quant aux questions de droit international que peuvent soulever les poursuites de contrefaçon entre français
et étrangers, elles se résolvent par deux propositions bien
simples :

1° Le demandeur, ici comme ailleurs, peut saisir à son
choix, soit le tribunal du lieu où la contrefaçon a été commise, soit celui de la résidence du prévenu, soit celui du
lieu où le prévenu a été trouvé, soit enfin, en certains cas,
celui du lieu où la saisie-contrefaçon a été opérée. Tous
ces tribunaux sont également compétents ;

2° La loi à appliquer sera celle du pays dont dépend le
tribunal saisi : la loi française, par conséquent, pour l'auteur étranger qui poursuit en France ; la loi étrangère,
pour le Français qui poursuit à l'étranger.

Les traités internationaux n'ont apporté, en notre matière, aucune dérogation au droit commun.

SEPTIÈME PARTIE

DE LA PEINE.

§ 1. Le premier texte de pénalité que nous retrouvons en matière de contrefaçon est l'article 33 des statuts de la librairie approuvés par lettres patentes du 1er juin 1618 : « Sera défendu, dit-il, à tout libraire, imprimeur et relieur, de contrefaire les livres, dès qu'il y aura privilège. sur les peines portées par les privilèges qui auraient été obtenus. » Ces peines avaient un caractère simplement pécuniaire. Le règlement de 1686 (article 65) reproduisit cette disposition, en l'aggravant en ce que « en cas de récidive, les contrevenants seraient punis corporellement et seraient déchus de la maîtrise. » Le règlement du 28 février 1723 s'appropria, sans modifications, dans son article 109, le texte de cette disposition ; et les arrêts du conseil du 30 août 1777 édictèrent contre les contrefacteurs la peine de 6.000 livres d'amende pour la première fois ; de la déchéance d'état, en cas de récidive.

Le décret des 19-24 juillet 1793 était, comme l'a dit Lakanal dans son rapport, la « déclaration des droits du génie ». Il faisait reconnaître la propriété des droits littéraires ; mais, par une inconséquence véritablement singulière, il ne considérait pas comme un délit l'usurpation de cette propriété ! Aussi n'est-il pas étonnant que le législateur de

1810, tout en classant la contrefaçon parmi les délits, lui ait appliqué des peines étonnamment anodines et disproportionnées avec la gravité de ce délit. « Je viens maintenant, disait le rapport de M. Louvet (1), à des dispositions dont le but est d'assurer des propriétés d'un ordre différent ; *des propriétés d'autant plus chères à l'homme*, qu'elles lui appartiennent plus immédiatement, et sont en quelque sorte *une partie de lui-même*. Je veux parler de ces productions des arts, de ces fruits de l'esprit, de l'imagination et du génie, qui servent à l'utilité, à l'instruction, au charme, à l'ornement et à la gloire d'une nation —... Espérons que les larcins, ou plutôt les *brigandages* exercés trop souvent contre ces précieuses propriétés, ne se renouvelleront plus ; contribuons du moins à faire en sorte qu'ils se reproduisent rarement, et contribuons-y avec d'autant plus d'empressement que ces fraudes, indépendamment du dommage particulier qui en résulte, n'ont ordinairement lieu qu'au détriment de l'ouvrage même, au détriment du goût et de l'instruction nationale. » La pensée était bonne ; malheureusement, l'application en était d'une faiblesse désespérante. Ainsi, contre l'abus de confiance on venait d'édicter les deux ans de prison de l'article 406 ; contre le vol simple, contre l'escroquerie, les cinq ans des articles 401 et 405 ; et entre le *brigandage littéraire, contre l'atteinte à la plus chère de nos propriétés, à celle qui est une partie de nous-mêmes*, on trouvait, quoi ?.... l'amende de 100 à 2.000 francs et la confiscation de l'édition contrefaite ! Article 427.

Il est bien entendu pourtant que nous ne sommes plus

(1) Séance du Corps législatif du 19 février 1810. *Moniteur universel*, 28 février 1810, p. 237.

sous le régime de la loi de 93 ; la contrefaçon n'est plus seulement un acte *civil* portant préjudice, et, par suite, devant donner lieu à des dommages-intérêts ; elle est un attentat délictueux, source de trouble pour l'ordre public et qu'il importe par conséquent d'empêcher de continuer. Pour faire cesser le trouble, il faut prendre des mesures suffisantes. Les peines de l'article 427 le sont-elles ? Incontestablement, non.

La contrefaçon est généralement, pour le contrefacteur, la source d'un très gros profit. Pour faire ce profit que risque-t-il ? Deux mille francs d'amende, à la première infraction ; deux mille francs, en cas de récidive ; deux mille francs, toujours ! Jamais d'aggravation, jamais de peine corporelle ! Le voleur condamné quatre fois à plus de trois mois, — cela représente peut-être quatre vols de récoltes, ou quatre vols de porte-monnaie, — sera puni de la relégation : le *brigand littéraire* recommencera indéfiniment avec la presque impunité assurée ! La confiscation, dites-vous ? Mais si les ouvrages contrefaisants ont été habilement lancés, — et cela sera facile, — ils seront presque tous vendus avant la saisie, et la confiscation ne confisquera rien du tout. Quant aux réparations civiles qui se grefferont sur la condamnation pénale, quoi de plus facile que de les esquiver en se rendant insolvable ?

§ 2. Il faut donc trouver autre chose ; et ici la question se pose de savoir s'il serait bon et légitime d'aller, dans la répression, jusqu'à l'emprisonnement.

Le législateur de 1810 a deux excuses à sa faiblesse. Tout d'abord, comme nous l'avons dit, il était encore sous l'influence de la loi de 1793 qui voyait dans l'action en contrefaçon une poursuite civile, et non pas la matière à une condamnation pénale. Ensuite, — et surtout, — il était imprégné de cette idée que la propriété intellectuelle n'est pas une propriété de la même nature que celle des choses matérielles ; — et « pour les mêmes raisons, dit M. Gastambide (1), qui font que la propriété intellectuelle est limitée dans sa durée », le législateur a pensé qu'elle méritait une protection moins rigoureuse que la propriété ordinaire ! Depuis 1810, la législation et la doctrine ont fait du chemin, elles en ont encore à faire. On est revenu de la théorie erronée du *monopole*, et on s'est habitué à considérer la propriété des œuvres de l'esprit comme une propriété assimilable tout au moins, sinon identique, à la propriété des choses matérielles. Aussi le législateur ne saurait-il se dispenser, s'il veut être logique avec lui-même, d'accommoder le cadre de la protection littéraire à la taille du cadre de la protection matérielle. On trouverait de plus en plus étrange, — au fur et à mesure qu'on s'acheminera vers l'assimilation des deux propriétés ; et, le dernier pas sera fait, quand on proclamera le principe de la perpétuité, — on trouverait de plus en plus étrange qu'après avoir accueilli la conception de cette assimilation, après avoir même proclamé que le droit de l'auteur est la plus chère de nos propriétés, le législateur réservât toutes ses sollicitudes et toutes ses protections pour le plaignant de l'article 401, de l'article 408, de l'article 405, et d'autre part n'accordât à l'écrivain malheureux, dépouillé, ruiné peut-être, que des armes inoffensives et inefficaces contre le spoliateur.

Il importe donc que l'article 427 soit revisé ; mais en quel sens ?

(1) Gastambide, *Traité de la contrefaçon*, p. 14.

Déjà en 1836, dans un projet plein d'idées éclairées, M. Victor Foucher proposait d'élever la peine de la contrefaçon, mais seulement *en élevant le taux de l'amende*. L'habileté, disait-il, du législateur pénal est de choisir la peine la plus en rapport avec la nature et le but de l'infraction. Or, ici, le but du contrefacteur est le gain, le gain avidement usurpé sur le patrimoine intellectuel d'autrui : c'est donc en sa fortune, en ce qui lui est sensible, qu'il faut frapper le contrefacteur. Pour sévir utilement, prononcez des amendes très élevées ; et vous aurez raison de sa mauvaise foi. — On peut répondre tout d'abord à l'auteur de ce système que « l'amende n'est pas la peine réformatrice suffisante pour la régénération morale du condamné » (1). Ensuite, n'est-il pas à craindre que ce remède, qui consiste à guérir le mal par le mal, ne soit dangereux précisément en ce qu'il excite le condamné à récidiver pour réparer par un gain nouveau la perte causée par la condamnation subie ? D'ailleurs, l'amende est une peine souvent illusoire : que peut-elle contre l'insolvable ? La contrainte par corps, — outre qu'elle répugne à nos mœurs, même, depuis la loi de 1867, en matière pénale, — ne le touchera pas, s'il prend soin de passer à l'étranger, ce qui n'effraie pas le contrefacteur. Et enfin, — argument décisif, il me semble, — si on applique le raisonnement de M. Foucher à l'usurpation littéraire, il faudra l'appliquer aussi à l'usurpation matérielle. Quel sentiment guide le voleur, l'escroc, le mandataire infidèle, si ce n'est l'avidité du gain ? Et en quoi pourra-t-on le toucher plus douloureusement qu'en cette fortune qu'il voulait arrondir par

(1) Ortolan.

son acte malhonnête? Alors, pourquoi la prison ici ; et, là bas, seulement l'amende, *même élevée*?

C'est donc jusqu'à la peine corporelle qu'il faut aller, pour trouver le châtiment efficace de ce délit grave qu'est la contrefaçon. Pourquoi jusqu'ici a-t-on reculé devant ce remède énergique? Pour plusieurs raisons, dont aucune n'est convaincante.

Et, avant tout, a-t-on dit, l'usurpation de la propriété des choses matérielles et l'usurpation de la propriété des choses de l'esprit constituent des délits qu'on ne saurait assimiler. Toutes les législations ont pris soin de les différencier, même par le nom. En France, si d'un côté nous avons le vol, l'escroquerie, l'abus de confiance, le législateur a pris soin, pour l'attentat contre la propriété intellectuelle, de créer une dénomination spéciale : la *contrefaçon*. En Angleterre, la malversation intellectuelle s'appelle *piracy* (piraterie) ; dans les Pays-Bas, *nadruk* (reproduction par imitation). En imaginant ces noms spéciaux, le législateur a donc bien entendu repousser toute confusion ; et, cette confusion, il ne faut pas maintenant essayer de l'établir. — Nous répondons, abondant dans le sens de ces conclusions, que nous ne cherchons pas à *confondre*, mais à *assimiler* ; et ce n'est pas, j'imagine, une question de mots qui nous empêchera de résoudre une question de principes !

On a ajouté que prononcer l'emprisonnement contre un délit à marges aussi flottantes, aussi élastiques que celles de la contrefaçon, pourrait être dangereux. Bien souvent, dit-on, les propriétés littéraires sont incertaines ; le contrefacteur est excusable de les avoir méconnues. En outre, des barrières bien légères séparent l'imitation légitime de la contrefaçon partielle : où commence celle-ci, où finit

celle-là ? — C'est véritablement faire injure à la sagacité des
magistrats, que de soulever semblable argument. En matière d'escroquerie, où commencent les manœuvres frauduleuses ? il est parfois bien difficile de le déclarer ; et cependant on n'a pas craint de laisser l'article 405, et sa
peine de cinq ans de prison, entre les mains des juges. La
contrefaçon est parfois excusable ? Eh bien ! les Tribunaux excuseront : n'ont-ils pas un pouvoir souverain
d'appréciation ; et l'article 463 n'est-il pas, à leur portée,
un frein tout puissant aux emportements parfois exagérés
de la loi ?

Enfin, a-t-on dit, l'intérêt des auteurs réclame plutôt des
répressions fréquentes, mais bénignes, que des pénalités
sévères. Le juge, en présence d'un texte trop dur, acquit-
terait peut-être trop souvent... Non, le juge n'a pas à subir
de tels embarras. Nous ne sommes pas ici en matière criminelle, où, l'article 463 ne permettant d'abaisser la peine
que de deux degrés, le jury se trouve parfois amené à
trembler devant des sévérités disproportionnées : d'où les
acquittements, par exemple dans les procès passionnels.
Mais, grâce à l'article 463, le juge correctionnel peut
abaisser la peine, même dans les cas où l'emprisonnement
était prévu, jusqu'au-dessous de 16 francs d'amende, jusqu'au taux des peines de simple police... Dans ces conditions, l'acquittement *de sentiment* n'est certes pas à craindre ; et les petites répressions bénignes, mais fréquentes,
qu'on nous propose, auront, en beaucoup de cas, intérêt
à être remplacées par une ou quelques solides condamna-
tions corporelles qui enlèveront au malfaiteur littéraire le
goût de vivre de son métier malhonnête. Au juge de se
prononcer, entre l'amende et la prison : question d'espèce,
et de tact.

§ 3. Remarquons d'ailleurs qu'en matière de contrefaçon d'inventions brevetées, — et le sujet est si voisin du nôtre que la comparaison s'impose, — le législateur a été plus hardi, au moins dans deux cas. En principe, la peine est la même que contre le contrefacteur littéraire. Mais, s'il y a récidive, ou si le délit est commis par un salarié ou un associé de salarié du breveté, la répression peut s'élever jusqu'à l'emprisonnement pour une durée de six mois (art. 43, loi 5 juillet 1844). Bien plus, en matière de marques de fabrique, les articles 7, 8, 9, 11 de la loi du 23 juin 1857 permettent au juge de punir d'une peine allant jusqu'à deux ans de prison. Et cependant nous voici, nous le répétons, sur un terrain tout semblable à celui de la contrefaçon littéraire, puisqu'ici, comme là, il s'agit d'usurpation de propriété incorporelle !

§ 4. Eh bien ! ce qu'a fait le législateur pour les marques de fabrique, il faut qu'il ait le courage de le faire pour l'œuvre littéraire. On a appelé souvent *vol* littéraire l'usurpation des œuvres d'écrivains. Nous avons déjà dit qu'il y avait là une erreur. Pour qu'il y ait vol, il est indispensable qu'il y ait *contrectatio*, que le malfaiteur *s'empare* de la possession autant que de la *propriété*. Or, en matière littéraire, il y a bien usurpation de propriété, mais non pas de possession. Dès que l'ouvrage paraît, la possession en appartient au public ; c'est un dépôt que l'auteur lui confie, pour qu'il en tire profit. Il ne saurait donc y avoir main-mise sur la possession, puisque la possession est juridiquement acquise. Mais l'auteur s'était réservé la propriété ; et c'est cette propriété que le contrefacteur usurpe en l'adjoignant à sa possession. Acte analogue à celui de l'article 408 : abus de dépôt, infidélité du tiers en qui on avait eu foi. Ce n'est donc pas à l'article 401, mais à l'article 408 que nous proposerons de rattacher l'article 427 ; et, pour nous résumer, nous en soumettrons la rédaction suivante :

Art. 427. « Les peines contre le contrefacteur, ou contre l'introducteur, ou contre le débitant, telles que les ont définies les articles 425 et 426, seront celles portées en l'article 406. »

Et nous ajouterons :

Art. 428. « Tout directeur, tout entrepreneur de spectacles....... sera puni des peines portées en l'article 427. »

Ce serait donc d'un emprisonnement de deux mois à deux ans, et d'une amende pouvant s'élever jusqu'au quart des restitutions qu'on frapperait le contrefacteur, et les auteurs de délits assimilés. — Le tout, sans préjudice des confiscations dont nous allons parler, et que prévoient les articles 427 § 2, 428 et 429.

§ 5. Notons qu'en unifiant, comme nous venons de le faire, les peines proposées pour les délits des articles 425 à 428, nous nous sommes encore écarté en un point du système du législateur de 1840. Celui-ci a cru devoir établir une échelle de peines pour la contrefaçon et les délits assimilés, et il les a rangés ainsi par ordre de gravité :

1° Sur le même rang. La contrefaçon et l'introduction. Amende : 100 à 2.000 francs.

2° La représentation frauduleuse : 50 à 500 francs.

3° Le débit : 25 à 500 francs.

Pourquoi cette classification arbitraire ? En réalité, la représentation illicite n'est-elle pas un délit aussi grave que la contrefaçon et l'introduction ? et le débit des ouvrages contrefaisants, que la fabrication même de ces ouvrages ?

Dès lors, pour être logique, il faut frapper des mêmes peines les auteurs de tous ces délits : sauf au juge à induire des circonstances de la cause les différences de traitement à infliger à ces divers prévenus.

§ 6. La législation actuelle ajoute, aux peines dont nous venons de parler, une autre peine d'une portée considérable : la *confiscation*.

Art. 427, § 2 : « La confiscation de l'édition contrefaite sera prononcée tant contre le contrefacteur que contre l'introducteur et le débitant. »

Art. 429. « Le produit des confiscations sera remis au propriétaire pour l'indemniser d'autant du préjudice qu'il aura souffert ; le surplus de l'indemnité ou l'indemnité entière, s'il n'y a pas eu vente d'objets confisqués, sera réglé par les voies ordinaires. »

De ces définitions très claires vont découler deux principes, grâce auxquels on pourra résoudre toutes les difficultés qui se présenteront en la matière :

1° La confiscation est une peine ;

2° Le produit de la confiscation est affecté au dédommagement de la partie lésée.

« ... Le projet, disait le rapport de M. Louvet, se termine par une disposition où vous remarquerez une nouvelle preuve des vues nobles et désintéressées qui ont présidé à la rédaction de la loi. Il abandonne aux auteurs le produit des confiscations, pour les indemniser d'autant du préjudice qu'ils auront souffert (1). »

§ 7. La confiscation est une *peine* ; et, par conséquent, elle ne peut être prononcée que par la juridiction répres-

____

(1) Séance du Corps législatif du 19 février 1810. *Moniteur universel,* 28 février 1810, p. 237.

sive. Les tribunaux, lorsqu'ils sont saisis civilement, ne
peuvent ordonner que la remise au propriétaire des objets
contrefaisants (1).

En outre, le Tribunal correctionnel ne peut prononcer
la confiscation que s'il condamne le prévenu : l'acquittant,
il ne saurait le frapper d'une peine. Et cependant la question a été controversée. M. Pouillet soutient que, même
en cas de renvoi des fins de la poursuite, le Tribunal correctionnel peut prononcer la confiscation. Voici par quel
raisonnement M. Pouillet arrive à cette conclusion. L'objet contrefait, dit-il, est prohibé *en raison même de sa nature* : ainsi sont prohibées (L. 28 avril 1816) les feuilles de
tabac qui ne proviennent pas de la Régie, les allumettes
qui n'ont pas été fabriquées par la compagnie privilégiée
(L. 28 juillet 1875). Qu'importe donc que la loi n'ait pas
dit d'une manière formelle que la confiscation devait être
prononcée même en cas d'acquittement, même en dehors
de toute culpabilité du détenteur de l'objet contrefait ! En

(1) Gastambide, n° 175 ; Renouard, t. 2, n° 254. « Ce qui peut faire naître du doute, dit M. Renouard, sur le caractère pénal de la confiscation en
matière de contrefaçon, c'est qu'en vertu de l'article 429 du Code pénal,
le produit des confiscations ou les recettes confisquées sont remis au propriétaire. Mais l'article a soin d'ajouter que c'est pour l'indemniser d'autant du préjudice qu'il aura souffert. Des dispositions analogues sont fréquentes dans nos lois ; et l'on peut dire que la loi ne détruit point le caractère pénal de la confiscation, lorsque, par une disposition spéciale, elle
affecte à la réparation des dommages privés les résultats d'une confiscation qui, sans cette aliénation légale, appartiendrait au trésor public. La
confiscation n'est, en certain cas, autorisée par la loi au profit des admi-
nistrations financières, que parce que leur action participe, ainsi que nous
l'avons dit, de l'action publique et de l'action civile.

Dans la pratique, les tribunaux, lorsqu'ils ne statuent que civilement,
doivent donc prononcer, non la confiscation, mais la remise au propriétaire des objets contrefaits. Cette différence pourra souvent n'être que no-
minale, et arriver, sous d'autres mots, aux mêmes résultats ; mais de
même qu'il faut respecter les formes comme conservation du fond, de
même il faut respecter les mots comme servant à maintenir les principes. »

prohibant la contrefaçon, en interdisant le commerce de
tout objet contrefait, elle a dit d'une manière implicite ce
qu'elle dit ailleurs d'une façon expresse (Loi, 5 juillet 1844,
art. 49) » (1). Le raisonnement de M. Pouillet pèche par
la base : quel texte l'autorise donc à déclarer que l'objet
contrefait est prohibé en raison même de sa nature ? Pour
les tabacs, les allumettes, les objets industriels, le législateur a pris soin de se prononcer *explicitement* : mais,
comme en matière pénale, il n'y a pas de peine *implicite*,
il faut déclarer que l'objet contrefait est prohibé en raison
du délit de contrefaçon dont il est le corps. Si donc le
tribunal, pour quelque cause que ce fût, a jugé que le
délit n'existait pas, la confiscation est devenue impossible ;
et le plaignant n'a plus qu'à se pourvoir civilement pour
obtenir des dommages-intérêts et la remise des objets (2).
La jurisprudence s'est nettement prononcée en ce sens.

§ 8. D'autre part, le produit de la confiscation est affecté
au dédommagement de la partie lésée.

La loi de 1793,— qui tendait, nous l'avons noté, uniquement à des réparations civiles,— stipulait dans son article 4
que les dommages-intérêts seraient d'une somme équiva-
lente au prix de 3.000 exemplaires. Une telle disposition
était dangereuse, parce qu'elle ne laissait pas de place à
l'appréciation, par le juge, des circonstances : tantôt elle
accordait trop, et tantôt trop peu. Aussi vit-on d'un œil

(1) *Propriété littéraire*, n° 699.
(2) Voir dans le sens de M. Pouillet : Mangin, *Traité de l'action publique
et de l'action civile*, t. 2, n° 280 ; Paris, 21 nov. 1867, *Annales*, 1867,
p. 359 ; Paris, 31 janv. et 7 fév. 1868, *Annales*, p. 56 et 63 ; Paris, 25 juin
1870, *Annales*, p. 264 ; Trib. Niort, 17 fév. 1891.

Dans le sens de la jurisprudence : Trib. Besançon, 20 nov. 1890, *la Loi*,
1891, p. 346 ; Paris, 29 juin 1878, aff. Lepse, D. P. 80.2.71 ; 15 mars 1882,
aff. Sicard ; Cassation crim. rej., 29 déc. 1882, même aff., D. P. 84.1.369.

favorable le décret de 1810 (article 43), puis l'article 429,
venir l'abroger. L'indemnité dorénavant sera réglée « par
les voies ordinaires » ; le juge statuera en toute indépen-
dance. Puis, lorsqu'il aura prononcé, on appliquera au
paiement des dommages-intérêts le produit des confiscations : si les confiscations sont insuffisantes, le surplus sera
recouvré directement par la partie civile, toujours par les
moyens ordinaires de droit.

§ 9. Une difficulté intéressante, — en matière de confiscation, — s'est élevée dans le cas suivant. Un éditeur publie un livre dans lequel il joint à un ouvrage qui est dans
le domaine public un autre ouvrage qui est une propriété
particulière. Faut-il ordonner la confiscation du livre entier ? — La Cour de Cassation, amenée en 1812 à trancher
la question, a d'abord répondu non. D'après elle, les Tribunaux avaient dans ce cas à arbitrer la valeur proportion-
nelle de la contrefaçon partielle, et à décider quels dommages-
intérêts remplaceraient la remise des exemplaires saisis.
Sur quoi basait-elle cette décision ? Sur rien du tout, ou
plutôt sur une erreur de principe : la confiscation est une
peine, avons-nous dit : il faut qu'elle reste une peine, ou
qu'elle soit remplacée par une peine. Or, des dommages-
intérêts ne sont pas une peine, et rien ne saurait autoriser
une telle interprétation de la loi. — Aussi est-ce à bon
droit que, revenant sur sa propre jurisprudence, la Chambre criminelle a décidé, en 1858, que la confiscation de la
partie entraînait nécessairement la confiscation du tout. Il
s'agissait, dans l'espèce examinée, de dessins contrefaits,
apposés sur des vases ; les prévenus offraient même de
faire disparaître les dessins ; la Cour jugea que, la séparation étant impossible, il y avait lieu de confisquer le tout.

« Attendu, dit l'arrêt, qu'il y avait indivisibilité entre les dessins contrefaits et les vases sur lesquels ces dessins avaient été reproduits par la peinture, et qu'en cet état, la séparation étant impossible, il y avait nécessité de prononcer la confiscation pour le tout ; — Que l'offre faite par les prévenus d'effacer les peintures sur les objets saisis ne pouvait soustraire ces objets à la confiscation qui, aux termes soit de l'article 49 de la loi du 5 juillet 1844, soit de l'article 427 du Code pénal applicable dans l'espèce, était la conséquence légale et nécessaire du délit de contrefaçon reconnu constant ; — Que, dès lors, c'est avec raison que l'arrêt dénoncé a déclaré qu'il n'y avait lieu de s'arrêter aux offres sus-énoncées ; — Rejette. » La Cour raisonnait ici pour le cas d'une propriété artistique : le même raisonnement s'imposait évidemment pour le cas d'une propriété littéraire (1).

(1) Aff. Hache et Pépin-Lehalleur c. Goupil. Crim. rej., 19 mars 1858. Voir l'arrêt, en sens contraire, du 4 septembre 1812, aff. Dentu c. Guillaume, Dalloz, J.-G., v° *Propriété littéraire*, n° 488 en note.

APPENDICE

COUP D'ŒIL SUR LES LÉGISLATIONS ÉTRANGÈRES (1).

Après avoir recherché ce que la législation française a fait pour sauvegarder les droits des auteurs, il est intéressant de voir quelles protections les lois des autres nations ont accordées aux mêmes droits. Trois questions principalement sont curieuses à examiner :

1° Quelle est, à l'étranger, la durée du droit exclusif de l'auteur ?

2° Qu'y entend-on sous le nom de contrefaçon ?

3° Quelles peines frappent le contrefacteur ?

I. *Durée du droit des auteurs.* — Ce qu'il importe de remarquer, tout d'abord, c'est que, presque partout, les textes qui règlent la nature et les effets du droit des auteurs usent à son égard du terme de *propriété*.

Une seule loi, en France, s'est abstenue de prononcer le mot : c'est celle du 14 juillet 1866. Elle s'intitule loi « sur la durée des *droits* des héritiers et ayants cause des auteurs ». Mais le décret du 29 octobre 1887, qui vient immédiatement après la loi de 1866, dans l'ordre chronologique

---

(1) Nous ne donnons ici, bien entendu, qu'un léger aperçu d'ensemble. Consultez, sur ce point, *La propriété littéraire et artistique* de MM. Ch. Lyon-Caen et Delalain.

de l'histoire des protections accordées aux droits littéraires, emploie à nouveau le mot de propriété.

La loi belge du 22 mars 1886 use de l'expression « droit d'auteur ». Les auteurs belges rattachent en effet, nous l'avons expliqué, le droit littéraire à une série de droits qu'ils appellent *droits intellectuels*. Mais, en réalité, sous une étiquette différente, c'est pour eux un véritable droit de propriété.

Les lois anglaise et américaine se servent du mot *copyright*, droit de reproduction ; les lois allemandes, du mot *urheberrecht*, droit d'auteur. Mais ici encore, dans le fond, on suit aveuglément la conception de ce que dans la forme on eût appelé droit de propriété.

En ce qui concerne la durée du droit, — qu'on l'appelle propriété ou droit d'auteur, — le spectacle des lois étrangères est des plus variés : on peut affirmer qu'aucune d'entre elles ne ressemble de tous points à l'une quelconque des autres.

Toutes, d'abord, sont d'accord à impartir à l'auteur ou à ses ayants cause un délai pendant lequel ils jouiront exclusivement du droit. Mais pour les unes ce délai part de la mort de l'auteur : telles la France, la Belgique, l'Allemagne, l'Autriche, l'Espagne, le Danemark, la Suède, la Russie, le Portugal, etc. Les autres, — telles la Grèce, les Pays-Bas, les Etats-Unis, — font partir le délai de la première édition, du dépôt ou de l'enregistrement de cette première édition. D'autres enfin, adoptant un système mixte, ouvrent le délai tantôt à la mort, tantôt à la première édition : telle l'Angleterre (1), où la durée est de sept

____

(1) « La législation anglaise en matière de garantie des œuvres littéraires,

ans après la mort, à moins que quarante-deux années ne se soient pas écoulées depuis la publication, auquel cas le *droit de copie* vivrait jusqu'à l'expiration de ces quarante-deux ans.

En outre, pour certaines lois, la durée du délai varie avec la qualité des successeurs. C'était le système français avant la loi du 14 juillet 1866 : c'est le système de la loi haïtienne [toute la vie de l'auteur ; vingt ans après la mort, pour ses enfants, dix ans pour les autres héritiers].

Quant aux limites de ce délai, elles varient suivant les législations. Le minimum est de cinq ans (Chili). La mesure moyenne est de cinquante ans (France, Belgique, Portugal, Russie, Norwège, Hongrie etc.). Le maximum du délai limité est de quatre-vingts ans (Espagne et Colombie). Enfin, trois pays, le Mexique, le Guatemala et le Vénézuéla, ont voté résolument le régime de la perpétuité. Ce régime, l'Allemagne et l'Italie le réclament actuellement.

dit M. Darras, est certainement la plus compliquée et la plus enchevêtrée qu'il soit possible d'imaginer ; cette grave imperfection tient à ce que le législateur anglais ne s'est jamais élevé jusqu'à une formule générale et abstraite : la protection des lois n'a pas été assurée à toute œuvre intellectuelle, quelle qu'elle pût être, contre toute contrefaçon, quelle qu'elle pût être ; mais, par des lois différentes, elle a été successivement accordée à telle ou telle catégorie de productions de la pensée contre telle ou telle entreprise de la part des tiers ; il se trouve donc qu'à l'heure actuelle la législation anglaise en ces matières ne comprend pas mois de dix-sept lois dont la plus ancienne remonte à 1735 et dont la plus récente est de 1888. Il arrive heureusement qu'un résumé pour ainsi dire officiel des lois pour lors existantes a été publié en 1878, dans la collection des livres bleus ; il est l'œuvre de M. James Stephen qui fut membre d'une commission instituée en 1875 et en 1876 en vue de rechercher l'état exact de la législation anglaise intérieure, coloniale et internationale en matière de propriété littéraire (*Traité de la contrefaçon*, n° 1756). »

Le tableau suivant résumera les systèmes des principales législations :

PAYS	LOI APPLIQUÉE	DURÉE DU DROIT
		La vie de l'auteur et :
MEXIQUE....	C. civ. 1871.....	Perpétuité.
GUATEMALA..	D. 29 oct. 1879..	—
VENEZUELA ..	L. 12 mai 1881..	—
ESPAGNE....	L. 10 janv. 1879.	80 ans après sa mort.
COLOMBIE...	L. 26 oct. 1886..	—
FRANCE.....	L. 14 juill. 1866.	50 ans après sa mort.
BELGIQUE ...	L. 22 mars 1886.	—
PORTUGAL...	C. civ. 1er juill. 1867	—
RUSSIE	Règl. de 1886....	—
NORWÉGE...	L. 8 juin 1876...	—
HONGRIE....	L. 4 mai 1884...	—
SUÈDE......	L. 10 août 1877..	— (1)
DANEMARCK..	L. 29 déc. 1857..	30 ans après sa mort.
ALLEMAGNE..	L. 11 juin 1870..	—
SUISSE......	L. 23 avril 1883..	—
AUTRICHE...	L. 19 oct. 1846..	— (2)
PÉROU......	L. 3 nov. 1849..	20 ans après sa mort.
HAÏTI.......	L. 8 oct. 1885...	20 ou 10 ans après sa mort.
BRÉSIL......	C. cr. 16 déc. 1830.	10 ans après sa mort.
CHILI.......	L. 24 juill. 1834.	5 ans après sa mort.
ITALIE......	L. 25 juin 1865..	40 ans dep. la 1re publ. et pend. 40 ans, droit à une redevance de 5 0/0.
PAYS-BAS...	L. 28 juin 1881..	50 ans dep. 1re éd.
ANGLETERRE.	L. 1er juill. 1842.	42 ans depuis 1re publication et 7 ans après la mort.
ETATS-UNIS..	L. 8 juill. 1870..	28 ans depuis l'enregistrement.

(1) 5 ans seulement pour le droit de représentation.
(2) 10 ans seulement pour le droit de représentation.

II. *Définition de la contrefaçon.* — Les définitions de la contrefaçon varient avec le caractère de chaque législation. La plus complète de ces définitions est celle de la loi allemande, que nous reproduisons ici, parce qu'elle fournira des points de comparaison intéressants avec notre jurisprudence française :

(Loi du 11 juin 1870) Art. 4. — Toute reproduction d'un écrit par des procédés mécaniques, faite sans le consentement de l'ayant droit, est qualifiée contrefaçon et est interdite.

Cette interdiction s'applique à la reproduction partielle, comme à la reproduction intégrale. Il faut assimiler à la reproduction par procédé mécanique la copie faite à la main, si cette copie est faite pour tenir lieu de l'impression.

Art. 5. — La contrefaçon consiste encore :

a) Dans l'impression, faite sans le consentement de l'auteur, d'un manuscrit, c'est-à-dire d'un ouvrage non encore publié.

Nul ne pourra, fût-il possesseur légitime d'un manuscrit, faire imprimer ce manuscrit sans le consentement de son auteur :

b) Dans l'impression, faite sans le consentement de l'auteur, de discours tenus pour l'édification, l'instruction, ou dans un simple entretien ;

c) Dans la réimpression, faite par l'auteur ou par l'éditeur, contrairement au traité qui existe entre eux ;

d) Dans le tirage par l'éditeur d'un plus grand nombre d'exemplaires que son traité ou la loi ne le lui permettent.

Art. 6. — La traduction, faite sans le consentement de

l'auteur, de l'original, constitue également une contrefaçon dans les trois cas suivants :

a) Si un ouvrage publié en une langue morte est traduit en une langue vivante ;

b) Si un ouvrage publié simultanément en plusieurs langues est traduit en une de ces langues ;

c) Si l'auteur s'est réservé le droit de traduction sur le titre ou en-tête de son ouvrage, pourvu toutefois que la traduction ainsi réservée ait entièrement paru dans le délai d'un an. Le délai ne commence à courir qu'à l'expiration de l'année pendant laquelle a paru l'original.

Art. 7. — Il n'y a pas contrefaçon :

a) Dans la reproduction de passages ou petites parties d'ouvrages déjà publiées, ni dans l'insertion, même intégrale, de petits écrits déjà publiés, dans le corps d'un plus grand ouvrage, pourvu que cet ouvrage ait un caractère scientifique et qui lui soit propre, ou que ce soit un recueil d'écrits de divers auteurs, composé pour l'usage du culte ou des écoles, ou dans un but littéraire spécial. L'écrit ne peut d'ailleurs être reproduit qu'avec l'indication de son auteur ou de la source dont il est tiré ;

b) Dans la reproduction d'articles extraits de publications périodiques ou autres feuilles publiques. Sont exceptés les romans, nouvelles et travaux scientifiques ; sont également exceptés tous autres écrits d'une certaine étendue, pourvu qu'ils portent inscrite en tête une défense expresse de reproduction ;

c) Dans la reproduction de lois, codes, actes publics et documents officiels de tout genre ;

d) Dans l'impression de discours prononcés devant les tribunaux, dans les assemblées représentatives, politiques, communales et religieuses ; enfin dans les réunions politiques ou autres semblables (1).

III. *Des peines contre la contrefaçon.* — Un regard jeté sur l'ensemble des lois étrangères permet de diviser en trois groupes les systèmes de répression imaginés par les législateurs :

1° Les uns punissent la contrefaçon d'une simple amende. C'est le cas de la France où l'amende est d'un maximum de 2.000 francs ;

De la Belgique et de la Grèce où il est également de 2.000 francs :

De la Norwège, 1.000 kroner (1.300 fr.) ;

De la Suède, 1.000 kronor (1.380 fr.).

Du Portugal, 300 milreis (1.680 fr.).

Des Pays-Bas, 2.000 florins (4.200 fr.) ;

De l'Italie, 5.000 lire (5.000 fr.) ;

Du Grand-Duché de Luxembourg, 1.000 florins (2.100 fr.). Ici, en outre, en cas de récidive, le contrefacteur est déclaré inhabile à exercer l'art d'imprimer.

2° Les autres prononcent l'amende, mais la remplacent par l'emprisonnement, en cas d'insolvabilité. Tels :

L'Allemagne, maximum : mille thalers (3.750 fr.) pouvant être convertis en un emprisonnement allant jusqu'à 6 mois, pour la première infraction, et 18 mois pour la récidive ;

La Suisse, maximum : 1.000 kronor (1.380 fr.), pouvant être doublés en cas de récidive, et en tout cas convertis en emprisonnement ;

L'Autriche, maximum : 1.000 florins (2.470 fr.) conver-

---

(1) Nous avons emprunté cette traduction à l'étude *sur la propriété littéraire* de MM. Ch. Lyon-Caen et Delalain.

tissables, en cas d'insolvabilité, en emprisonnement proportionnel. Le récidiviste peut être, en outre, privé du droit d'exercer sa profession ;

La Hongrie, mêmes pénalités. La conversion se fait à raison d'un jour par dix florins.

3° Enfin deux législations prononcent des peines corporelles :

L'Espagne, où la peine est d'une amende égale au triple du préjudice causé ; de la peine de l'*arresto mayor*, aux degrés inférieur et moyen (maximum : 4 mois) ; de la perte des droits civiques ;

La Russie, où le condamné est déchu de ses droits ; peut être relégué dans une province éloignée, sauf la Sibérie, et puni d'un emprisonnement de 6 mois à 1 an.

CONCLUSION

Nous avons montré quelle série de transformations avait subies depuis un siècle la législation relative au droit de l'écrivain. Le jour où, sur le rapport de Lakanal, la Convention vota le Décret des 19-24 juillet 1793, on put dire que le droit de *propriété* littéraire était né : jusqu'alors il n'avait été qu'une espérance. Mais combien frêle encore ce droit nouveau, mal défini, mal protégé, mal sanctionné ! Droit dont on ne pouvait dire au juste s'il était un privilège ou une propriété ; survivant de quelques années à peine à la disparition de l'écrivain ; étranger au conjoint que l'auteur mort laisse derrière lui ; défendu par des mesures puériles (puisqu'aucune sanction pénale) contre les pirateries qui le guettaient !

Depuis, on a compris quelle place ce droit devait tenir dans les préoccupations du législateur. Tout d'abord, le Code pénal l'a sauvegardé, — faiblement il est vrai, — du pillage littéraire. Le décret de 1810 et la loi de 1866 ont appelé le conjoint survivant à partager le produit de l'œuvre. Enfin la période de jouissance après la mort de l'auteur a été étendue à cinquante années. Est-ce assez ? Nous avons essayé de démontrer que non. Aujourd'hui encore la discussion est ouverte sur la question de savoir si notre droit est une véritable propriété, ou un simple privilège, un droit *sui generis*. N'importerait-il pas cependant de prendre enfin parti ? Ce qui empêche, nous l'avons vu, les auteurs d'admettre le principe de la *propriété*, c'est que notre droit n'est pas perpétuel, et qu'ils se refusent à concevoir la propriété sans la perpétuité. Eh bien ! cette perpétuité, qu'on la proclame, — nous avons tenté de prouver que tout le monde y gagnerait, — qu'on la proclame résolûment : non pas avec des combinaisons bâtardes de domaine public payant, de redevances, etc., mais dans toute sa simplicité et avec toutes ses conséquences de perpétuité absolue. Qu'en même temps le texte de la loi future nous donne une définition complexe, détaillée, explicite, comme dans la loi allemande, de la contrefaçon. Qu'enfin une peine énergique, l'emprisonnement, mesurée aux proportions des pénalités de l'article 406, vienne sanctionner les dispositions de la loi civile, et inspirer aux malfaiteurs littéraires le respect salutaire de la propriété d'autrui.

Toutes ces réformes sont imminentes. Des Congrès annuels, où les associations internationales rivalisent de zèle, les préparent. Et l'on peut, dès maintenant, prédire prochain le jour où notre richesse intellectuelle, — celle dont nous sommes le plus justement fiers, — aura enfin la loi digne d'elle.

Vu :

Le Président de la thèse,

CH. LYON-CAEN.

Vu :

Le Doyen,

E. GARSONNET.

Vu et permis d'imprimer :

Le Vice-Recteur de l'Académie de Paris,

GRÉARD.

———————

ANNEXE

L'Association littéraire et artistique internationale, fondée en
1878, sous la présidence d'honneur de Victor Hugo, s'est réunie
vingt fois depuis l'année de sa formation. Les différents Congrès
ont eu lieu successivement à Londres, Libourne, Vienne, Rome,
Berne, Amsterdam, Bruxelles, Anvers, Genève, Madrid, Venise,
Berne, Londres, Neuchâtel, Milan, Barcelone, Anvers, Dresde,
Berne. Une session est ouverte en ce moment (avril 1897) à
Monaco. Le Congrès de 1898 se tiendra à Turin.

Les Présidents de l'Association sont : MM. Eugène Pouillet,
Henri Morel, Marcel Prévost, Giuseppe Giacosa, Emile Pessard,
Gustave Diercks.

Les travaux de l'Association révèlent le dernier état des esprits,
et les tendances les plus modernes, en matière de *Propriété littéraire*. Aussi avons-nous jugé utile de donner ici le résumé des
délibérations de l'assemblée, dans ses deux récentes sessions :
celle de 1896, à Berne, et celle de 1897, à Monaco.

CONGRÈS DE BERNE, 1896.

Nature du droit de l'auteur. — Le Congrès émet le vœu que
l'Association étudie pour la prochaine session la définition des
droits moraux et pécuniaires appartenant à l'auteur, et tire de
cette distinction les conséquences logiques.

M. Hildebrandt limite le droit de l'auteur à une « exploitation
économique » (wirthschaftliche Verwerthung).

M. Maillard soutient au contraire que le droit de l'auteur n'a
pas seulement pour objet un profit pécuniaire. L'auteur a, avant
tout, le droit moral de déterminer le moment, le mode de toute
reproduction de son œuvre. Si l'on ravale, dit-il, le droit d'auteur
à un profit pécuniaire, il n'y aura plus moyen pour l'auteur de

se refuser à une publication de son œuvre, sans justifier d'un préjudice pécuniaire. C'est un grave danger.

Droit des créanciers sur l'œuvre intellectuelle. — Tout le monde est d'accord sur ce point qu'on ne saurait toucher à l'œuvre inédite. Mais faut-il couvrir aussi l'œuvre publiée ?

La loi belge déclare saisissable l'œuvre *achevée*. M. Vaunois propose la distinction suivante : tant que l'auteur est vivant, ses créanciers n'ont aucun moyen de faire échec à son droit ; mais s'il est dépossédé lui-même ou s'il est mort, les créanciers peuvent intervenir, sauf à appeler en cause les ayants droit de l'auteur, pour que le respect de sa mémoire soit sauvegardé.

La solution de cette question est subordonnée à la question de savoir si le droit de l'auteur est purement pécuniaire, ou au contraire s'il est un droit moral. Aussi le Congrès ajourne-t-il sa décision jusqu'après la détermination précise de la nature du droit intellectuel.

Durée du droit de l'auteur. — L'article 2 du *projet de loi-type* de M. Georges Maillard a la teneur suivante : « Le droit subsiste pendant toute la vie de l'auteur et se prolonge quatre-vingts ans après sa mort, au profit de ses héritiers ou ayants droit ». M. Maillard rappelle qu'à Dresde il avait demandé cinquante ans ; mais, depuis, on lui a fait observer qu'en Italie, on ne pouvait se contenter actuellement d'une semblable loi ; il propose donc quatre-vingts ans après la mort de l'auteur, conformément à la loi espagnole.

Pourquoi placer le point de départ à la mort de l'auteur ? On a fait remarquer que ce mode de calculer conduit à de véritables iniquités : les premières œuvres de Victor Hugo auront été ainsi protégées pendant plus de cent ans, tandis que les œuvres de Guy de Maupassant les plus anciennes n'auront qu'une soixantaine d'années de protection. Mais le système qui consiste à faire courir le délai du jour de la publication de l'œuvre a de bien plus graves inconvénients. Tout d'abord, ce système s'appuie sur le dépôt légal, seul moyen pour déterminer, d'une façon précise, la date de publication ; or, on n'a pas encore pu organiser cette formalité d'une manière satisfaisante là où elle

existe, et il n'y a aucune probabilité de convertir certains pays,
comme l'Allemagne, au système du dépôt légal et à la création
de nouvelles formalités. D'autre part, si l'on adoptait ce système, non seulement les diverses œuvres d'un même auteur seraient de reproduction libre à des époques différentes, ce qui
produirait un gâchis commercial favorable aux contrefacteurs,
mais chaque nouvelle édition revue et augmentée aurait son
délai de protection à part. Ce fait ne manquerait pas d'être regrettable, en particulier à l'égard des œuvres scientifiques, qui
sont modifiées sans cesse par leurs auteurs selon les nouveaux
progrès de la science. Il pourrait donc arriver, — comme cela
est arrivé pour des encyclopédies aux États-Unis, — qu'une
édition primitive, que l'auteur renierait peut-être, se trouvait
déjà dans le domaine public, tandis que l'édition à laquelle
l'auteur a mis la dernière main ne pourrait être reproduite. Dès
que l'on admet les privilèges du domaine public, il vaut mieux
qu'il saisisse les œuvres et les éditions d'œuvres d'un même
auteur le même jour (1).

M. Armand Ocampo, vice-président de l'Association, propose,
lui, le délai de cent ans à dater de la première publication de
l'œuvre. « Pourquoi, dit-il, ces quatre-vingts ans après la mort ?
Pourquoi ce nombre quelconque de quatre-vingts ? Uniquement
parce qu'il est celui d'une des nations de l'Europe. Alors, s'il
en était trouvé une autre qui aurait déjà choisi le délai de cent
ans comme maximum, le projet l'aurait adopté ! Et cependant,
comme le dit fort bien M. Maillard, il ne faudrait pas que les
nations se présentassent comme à la remorque les unes des autres. Or, le projet se met tout simplement à la remorque de
l'Espagne ».

Enfin, M. Mack développe son rapport sur le *domaine public
pour les œuvres littéraires et artistiques*, rapport que nous avons
déjà examiné (2). Toutefois, M. Mack déclare ne pas soumettre
son projet au vote, et le réserver pour un prochain congrès.

Le vote donne le résultat suivant :

(1) Ernest Rœthlisberger.
(2) *Suprà*, p. 35.

Pour le délai de 80 ans . . . . 16 voix.

»   »   50 »   . . . .   5 »

»   »   30 »   . . . .   3 »

Le système de la durée de protection fixée d'après le décès de l'auteur l'emporte par une grande majorité. Le vœu d'après lequel la protection pendant cent ans à partir de la publication constitue l'idéal à atteindre ne réunit que quatre voix.

Des œuvres protégées par les lois sur la propriété littéraire. — Une discussion intéressante, s'élève au sujet de la propriété des articles de journaux. M. Pouillet rappelle la résolution adoptée par le Congrès international des éditeurs, tenu à Paris en juin 1896 : « En dehors des articles de discussion politique, des nouvelles du jour et des faits divers, la reproduction des autres articles de journaux ou recueils périodiques doit être interdite, comme celle des romans-feuilletons et des nouvelles, sans qu'il soit besoin d'une mention de réserve ».

M. Albert Bataille estime que la législation n'est point encore suffisamment efficace pour protéger les journalistes, spécialement en ce qui concerne les informations qui sont aujourd'hui le véritable élément de succès du journalisme. Actuellement, la discussion philosophique et politique a pâli ; ce que l'on attend d'un journal, ce sont des informations, des choses nouvelles ; ces informations sont données sous une forme originale, et c'est cette forme qu'on usurpe et qu'on pille impudemment ; des journaux de province, tout d'abord, et même des journaux spéciaux de Paris, vivent de l'usurpation (1). Cette dernière ne saurait être sérieusement combattue par des procès isolés ; il faut une législation ferme et précise. A cet égard, qu'a-t-on fait ? Le nouvel article 7 de la Convention de Berne n'est pas suffisant. Pourquoi n'applique-t-on pas aux journaux le droit commun ? Pourquoi exige-t-on du journaliste une mention d'interdiction que l'on n'exige pas des autres producteurs d'œuvre de la pensée ?

Ce que M. Bataille demande, c'est la protection sans condition des articles d'information qui revêtent une *forme* quelconque,

(1) V. *suprà*, *XIXe Siècle* c. *Eclair*, p. 72.

qui dénotent une création intellectuelle, une impression personnelle. Il y a toutefois une exception : pour les articles de pure
discussion politique ; il faut que la presse soit libre de reproduire et de discuter les opinions des autres journaux, à moins
que l'auteur de l'article n'ait inséré une interdiction formelle de
reproduction.

Le Congrès vote la résolution suivante : « Le Congrès estime
que les écrits parus dans les journaux ou recueils périodiques
doivent être protégés comme toutes autres œuvres de l'esprit,
sans nécessité d'aucune mention de réserve. — Toutefois, le
Congrès réserve, pour être mise à l'étude par le Comité de travail de l'Association, la question de protection des articles politiques. »

Droit des collaborateurs. — Le Congrès est d'avis :

1° Que les collaborateurs ont des droits égaux sur l'œuvre
achevée, tant pour la publication que pour le partage des émo-
luments en provenant ;

2° En cas de refus d'autorisation de publication par un des
collaborateurs, il pourra, sur la demande des autres, être contraint, par décision de justice, de laisser publier l'œuvre achevée ; toutefois, il pourra exiger que cette publication ait lieu
sans que son nom soit indiqué, ou sans qu'il soit tenu de participer aux frais et aux bénéfices de ladite publication ;

3° Le survivant des collaborateurs a le droit d'exercer, pour
tout le temps que la loi lui reconnaît, l'ensemble des droits de
publication concurremment avec les héritiers des collaborateurs
prédécédés ;

4° Les droits des ayants cause d'un collaborateur prédécédé
subsistent jusqu'à l'expiration du délai de protection déterminé
par le décès du dernier survivant des collaborateurs.

A défaut d'héritiers ou de cessionnaires d'un des collaborateurs, sa part accroît aux autres collaborateurs ou à leurs ayants
cause (1).

Du débit d'ouvrages contrefaisants. — Traitant la question spé-

____

(1) Rapport de M. Georges Harmand.

ciale de la location des livres dans les cabinets de lecture, M. Maillard prétend que cette location ne constituerait pas le *débit* tombant sous le coup de l'article 426. « Il n'est pas logique, dit-il, d'empêcher l'acheteur d'un exemplaire de le prêter ou de le louer, et l'auteur n'y trouverait pas grand profit ; car les lecteurs qui paient 20 centimes pour lire un livre ne l'auraient pas acheté 3 fr.50 ou 2 fr.75 (1).

Du dépôt. — M. Rœthlisberger conclut à la complète suppression des formalités du dépôt. Si l'on veut, dit-il, pour des raisons administratives, maintenir l'enregistrement et le dépôt, il vaut mieux en faire l'objet d'une loi spéciale. En les maintenant dans des lois sur le droit d'auteur et en attachant au non-accomplissement de ces formalités la déchéance du droit d'agir, on abuse de la force du législateur.

Les pays qui prescrivent l'accomplissement de formalités n'ont pas brillamment réussi. En Italie, où le non-accomplissement du dépôt entraîne déchéance du droit d'auteur, il n'y a qu'un cinquième des œuvres publiées par an (1300 sur 7000) qui sont déposées par les auteurs.

Le Congrès émet les vœux suivants :

1º Au moment de la publication de tout imprimé, il devra en être fait un dépôt en deux exemplaires destinés aux collections nationales.

2º L'obligation du dépôt incombera à l'éditeur de la publication, et à défaut d'éditeur, à l'auteur. Elle ne sera réclamée de l'imprimeur que pour les publications sans nom d'éditeur ou d'auteur ;

3º Le non-accomplissement des formalités devra rester sans influence quant à la protection de l'œuvre et n'entraînera ni déchéance des droits d'auteur, ni déchéance du droit d'agir en cas d'atteintes portées à ces droits (2).

---

(1) Nous ne sommes pas de l'avis de M. Maillard. V. *suprà*, p. 87.

(2) Cette disposition équivaudrait à la suppression pure et simple de la formalité du dépôt, qu'on verrait du reste disparaître sans regret. Enlever toute sanction à l'omission de la formalité, c'est autoriser implicitement et généraliser cette omission.

Ces trois premiers vœux concernent les pays où la formalité du dépôt est prescrite par la loi nationale ;

4º La constatation de l'accomplissement dans le pays d'origine, des formalités prescrites par rapport à l'œuvre originale suffit pour obtenir dans le reste de l'Union, la protection pour les autres formes de publication ou de reproduction sous lesquelles paraîtra l'œuvre ;

5º Il doit suffire, pour établir la qualité d'ayant cause, d'avoir rempli les formalités prévues à ce sujet dans le pays d'origine ;

6º Le domaine public ne peut s'emparer d'une œuvre dans les autres pays de l'Union que lorsque les délais les plus larges établis pour l'accomplissement, même tardif, des formalités par la loi des pays d'origine, seront expirés ;

7º Les exemptions de formalités, reconnues à l'auteur dans le pays d'origine, doivent être respectées dans les autres pays.

Congrès de Monaco, 1897.

Nature du droit de l'auteur. — M. Jules Lermina apporte la définition du droit moral de l'auteur que le Congrès de 1896 avait réclamée. Il la trouve dans une vérité de droit commun ainsi formulée : Chacun est responsable de ses propres actes ; nul n'est responsable que de ses propres actes. « L'écrivain ne peut être responsable que de ce qu'il a produit, et pour que sa responsabilité soit entière, il a le droit, disons même le devoir, de défendre l'intégralité de son œuvre, dans le fond et dans la forme. Et c'est cette responsabilité même qui produit ce droit de propriété tant discuté, droit essentiellement moral, intellectuel, et qui n'a qu'un rapport de cause à effet avec les revendications pécuniaires et matérielles. » Conséquences : le cessionnaire d'une œuvre n'a pas le droit de la modifier, l'héritier lui-même devrait la respecter.

Œuvres protégées. — MM. Osterrieth et Albert Bataille présentent sur la propriété des articles de journaux, le rapport demandé par le Congrès de Berne. Voici leurs conclusions :

1º Il est désirable que les articles de journaux portant un caractère littéraire soient protégés comme les autres œuvres littéraires.

2° Toutefois, il faut reconnaître pour les articles de journaux un droit de citation dans la mesure des besoins de la discussion publique.

3° La reproduction des informations de presse pures et simples est interdite lorsqu'elle revêt un caractère de concurrence déloyale.

Projet d'unification des lois sur le droit d'auteur, de M. Georges Maillard.

ART. 1er. — L'auteur d'une œuvre littéraire a le droit exclusif de la rendre publique et de la reproduire par quelque procédé, sous quelque forme, et pour quelque destination que ce soit. — Sont protégées toutes manifestations de la pensée écrites ou orales. — Les actes officiels des autorités publiques et les décisions judiciaires ne peuvent faire l'objet d'un droit d'auteur.

ART. 2. — Le droit exclusif de reproduction se prolonge quatre-vingts ans après la mort de l'auteur au profit de ses héritiers ou ayants droit.

ART. 3. — Œuvres anonymes. Quatre-vingts ans de la première publication (V. Congrès de Dresde).

ART. 4. — Œuvres en collaboration (V. Congrès de 1896).

.... ART. 6.— Œuvres posthumes. Quatre-vingts ans du jour de la 1re publication (V. Congrès de Dresde).

ART. 7. — Toute reproduction, intégrale ou partielle, sans le consentement de l'auteur ou de ses ayants droit est illicite. — Il en est ainsi de la traduction et aussi de la représentation et de l'exécution publiques.— Sont également illicites, sans le consentement de l'auteur, les reproductions qui comportent des retranchements, additions ou remaniements, telles que : adaptations, dramatisations, transformations de pièces de théâtre en romans, etc.

ART. 8. — L'auteur est présumé avoir autorisé les analyses et courtes citations, faites de son œuvre, dans un but de critique, de polémique ou d'enseignement, avec indication du nom de l'auteur et de la source utilisée.— En outre, les discours pro-

noncés dans les assemblées délibérantes ou dans les réunions
publiques peuvent être reproduits dans un but d'information.

Art. 9. — Les écrits qui ont paru dans les journaux ou recueils périodiques sont protégés comme toutes autres œuvres de
l'esprit, sans nécessité d'aucune mention de réserve.

.... Art. 11.— Toute reproduction illicite, dans les termes de
l'article, d'une œuvre, publiée ou non, constitue le délit de contrefaçon.— Ceux qui, sciemment, vendent, exposent en vente ou
introduisent de l'étranger, dans un but commercial, des objets
contrefaits sont coupables du même délit.

Art. 12. — La présente loi s'applique à tous les auteurs,
quelle que soit leur nationalité et en quelque lieu que l'ouvrage
ait paru pour la première fois.

BIBLIOGRAPHIE

Acollas. — *De la propriété littéraire*, 1888, in-18, p. 84 et s.

Allart. — *De la contrefaçon*, 1889, in-8.

Blanc. — *Traité de la contrefaçon*, 1855, 4e édit., in-8.

Calmels. — *De la propriété et de la contrefaçon des œuvres de l'intelligence*, 1856, in-8, nos 481 et s.

Clunet. — *Étude sur la Convention d'Union internationale*, 1887, in-8.

Collet et Le Senne. — *Étude sur la propriété des œuvres posthumes*, 1879, in-12.

Darras. — *Du droit des auteurs et des artistes dans les rapports internationaux*, 1887, in-8, nos 229 et s., 367 et s., 507 et s.

— *Traité de la contrefaçon*, 1895, in-4.

Delalain et Lyon-Caen. — *La propriété littéraire et artistique*, 1889, 2 vol. in-8.

Dufourmantelle. — *Des brevets d'invention et de la contrefaçon*, 1893, in-18.

Fliniaux. — *Essai sur les droits des auteurs étrangers en France*, 1879, in-8.

— *La propriété industrielle et la propriété littéraire et artistique en France et à l'étranger*, 1879, in-12.

Gastambide. — *Traité théorique et pratique des contrefaçons en tous genres*, 1837, in-8.

Huard. — *Étude comparative des législations française et étrangères en matière de propriété industrielle, littéraire et artistique*, 1863, in-18.

Le Senne. — *Traité des droits d'auteur et d'inventeur*, 1849, in-8.

Mack. — *Projet d'organisation de la perpétuité du droit d'auteur*, 1897, brochure, in-8.

Merlin. — *Répertoire de jurisprudence*, Vo Contrefaçon.

Nodier. — *Question de littérature légale*.

Pataille et Huguet. — *Code international de la propriété industrielle, artistique et littéraire*, 1865, 2e édit., in-8.

Pouillet. — *Traité théorique et pratique de la propriété littéraire et artistique*, 1894, 2e édit., in-8.

Renault. — *De la propriété littéraire et artistique au point de vue international,* 1879, in-8.

Renouard. — *Traité des droits d'auteur,* 1838, 2 vol. in-8.

Thaller. — *Annales de droit commercial,* t. 2, 1888, p. 4.

Worms. — *Étude sur la propriété littéraire,* 1878, 2 vol. in-18.

Annales de la propriété industrielle (Pataille).

Bulletin de l'association littéraire et artistique internationale.

Droit d'auteur (de Berne).

TABLE DES MATIÈRES

Imp. G. Saint-Aubin et Thevenot. — J. Thevenot, successeur, Saint-Dizier (Haute-Marne).

Imp G. Saint-Aubin et Thevenot. — J. Thevenot, successeur, Saint-Dizier (Hte-Marne)